AF356309

CODE

JUDICIAIRE,

PREMIÈRE ET SECONDE PARTIES.

A PARIS,

Chez {

LEBOUCHER, Libraire, rue Saint-Honoré, à côté de Saint-Roch, N°. 278, ou à sa boutique, jardin des Feuillans, près l'Assemblée Nationale ;

BAUDOUIN, Imprimeur de l'Assemblée Nationale, cour des Capucins Saint-Honoré.

Prix, pour Paris, 2 livre 10 sols, broché ; pour les départemens, 3 livres, broché.

CODE
JUDICIAIRE,

OU

RECUEIL DES DÉCRETS

DE L'ASSEMBLÉE-NATIONALE-CONSTITUANTE,

SUR L'ORDRE JUDICIAIRE:

PREMIÈRE ET SECONDE PARTIES,

CONTENANT l'une, les Décrets sur le Pouvoir judiciaire & sur l'Organisation de l'ordre judiciaire en général ; l'autre, le Code civil, ou Décrets sur l'ordre judiciaire civil en particulier.

Avec un appendice concernant les lettres de ratification, les huissiers-priseurs, les commissaires aux saisies-réelles, les receveurs des consignations, les notaires, & les qualités qu'il est défendu de prendre dans les actes.

A PARIS,

DE L'IMPRIMERIE NATIONALE.

L'An quatrième de la Liberté.

AVERTISSEMENT.

Les décrets sur l'ordre judiciaire se distribuent d'eux-mêmes en trois grandes classes : la première est formée des décrets sur l'ordre judiciaire en général ; ils ont pour objet d'établir le pouvoir judiciaire sur des bases fixes, d'en régler l'exercice, d'organiser les ministres de ce pouvoir. La seconde classe est composée des décrets sur l'ordre judiciaire civil en particulier : ces décrets règlent la forme de la procédure civile & les détails intérieurs des tribunaux. Les décrets relatifs à la procédure criminelle forment la troisième classe.

Les dispositions qui établissent les peines & qui les graduent selon les crimes & les délits, n'appartiennent pas directement à la procédure criminelle, & ne font pas essentiellement partie de ce qu'on appelle l'ordre judiciaire. Ces objets touchent néanmoins de si près à l'ordre judiciaire criminel, qu'on ne les en séparerait pas sans quelque inconvénient : le code pénal doit donc suivre celui de la procédure criminelle.

Il en est de même du code de la police. Le maintien de la police, la répression des délits qui y sont contraires, exigent prefque habituellement des actes judiciaires. Les formes de l'adminiftration en matière de police, fe rapprochent beaucoup des formes judiciaires ; fouvent elles exigent l'ufage des mêmes formes : on doit donc s'attendre à trouver le code de la police à la fuite du code judiciaire, du code criminel & du code pénal.

Des légiflateurs qui prépareroient des lois pour une fociété qui n'exifteroit pas, mais qui devroit fe former après la publication de leurs lois, n'auroient à établir que des difpofitions ftables, permanentes : toutes leurs lois feroient des conféquences rigoureufes des principes de légiflation qu'ils auroient admis. Les légiflateurs de la France fe font trouvés dans une fituation bien différente. Établis pour donner des lois à une fociété immenfe, formée depuis long-temps, & dont il falloit empêcher la déforganifation dans l'intervalle du temps néceffaire pour la régénérer, ils ont dû pourvoir à tous les befoins du moment, ordonner des réformes partielles d'abus intolérables, en attendant l'établiffement d'un nouvel ordre complet. Les matières criminelles, fur-tout, ont exigé des tribunaux & des lois provifoires.

Telles font les confidérations d'après lefquelles j'ai rédigé le code judiciaire. Il eft compofé, dans fa totalité, de cinq parties. La première comprend les décrets généraux qui forment les bafes fondamentales du nouvel ordre judiciaire ; la feconde comprend les décrets qui règlent la procédure civile dans les divers tribunaux : partie néceffairement incomplette quant-à-préfent, l'Affemblée-conftituante n'ayant confervé que provifoirement les formes établies par l'ordonnance de 1667, & ayant renvoyé à la première légiflature la formation des lois qui doivent remplacer cette ordonnance.

Les lois relatives à l'inftruction criminelle forment la troifième partie du code judiciaire. Cette partie eft néceffairement fubdivifée en deux, par l'effet de la pofition où l'Affemblée Nationale s'eft trouvée, ainfi que je le difois il y a un moment. J'ai raffemblé d'abord & de fuite les décrets étrangers à l'inftitution des jurés, & qui ont eu pour objet de modifier l'inftruction inquifitoriale de l'ordonnance de 1670, en attendant qu'elle fût entièrement abolie; j'ai donné enfuite le décret fur l'inftitution des jurés, & l'inftruction que l'Affemblée a décrétée pour l'accompagner.

Le code pénal eft la quatrième partie de la collection. Je n'ai donné ici que le code pénal commun à tous les citoyens : le code pénal militaire & le code pénal de la marine font des lois particulières au militaire & à la marine, qui doivent être réunies aux autres lois qui compofent, foit le code militaire, foit le code de la marine.

Dans la cinquième partie du code judiciaire font raffemblées les lois fur la police. Dans cette partie, comme dans la troifième, il fe trouve deux efpèces de lois : les unes, provifoires, publiées pour prévenir les effets du relâchement fubit de l'ancienne organifation de la police : les autres, ftables & permanentes, prononcées pour établir un ordre fixe dans lequel la sûreté de la police foit combinée avec les droits de la liberté.

L'ordre & la forme de cette collection font établis d'ailleurs felon le plan général que j'ai publié. Dans chacune des parties, les décrets font difpofés felon la date de leur prononciation. Point de notes ni de commentaires, mais de fimples renvois des textes les uns aux autres Si l'inftruction pour la procédure criminelle peut être regardée comme un commentaire à la loi fur les jurés, il ne faut pas perdre de vue que c'eft un commentaire fait par l'Affemblée elle-même, & décrété par elle, pour avoir force de loi. On trouvera pareillement les tables ordinaires: favoir, en tête de chaque volume, deux tables chronologiques des lois: l'une, felon l'ordre de la prononciation des décrets; l'autre, felon la date des fanctions: après cela, l'indication des rapports & opinions imprimées qu'on peut joindre à la collection des lois; à la fin des volumes, une table des matières.

Aux Archives, le 12 *Mars* 1791, *l'an quatrième de la Liberté.* C A M U S.

TABLES

TABLES CHRONOLOGIQUES

DES DÉCRETS

Contenus dans les deux premières parties du Code judiciaire, ou Code judiciaire général, & Code civil.

PREMIÈRE TABLE,

Selon la date de la prononciation des décrets par l'Assemblée.

Première partie du Code judiciaire.

Code judiciaire général.   b

SECONDE PARTIE.

A P P E N D I C E au Code civil.

SECONDE TABLE,

Selon la date des fanctions ou appofitions du fceau, & par laquelle on indique vulgairement la date de la Loi.

PREMIÈRE PARTIE.

APPENDICE AU CODE CIVIL.

*Indication des rapports & autres écrits publiés par les
membres de l'Assemblée Nationale, qui ont préparé les
décrets recueillis dans les deux premières parties du Code
judiciaire.*

Rapport du comité de constitution sur l'organisation du
pouvoir judiciaire, présenté à l'Assemblée Nationale
par M. Bergasse, en 1789.

Neuf discours de M. Thouret sur la nouvelle organisation du pouvoir judiciaire.

Principes & plan sur l'établissement de l'ordre judiciaire,
par M. Duport.

Opinion de M. Chabroud, sur quelques questions relatives à l'ordre judiciaire, le 30 mars 1790.

Essais du même, sur l'organisation de la justice en France.

CODE

CODE JUDICIAIRE.

PREMIÈRE PARTIE.

Pouvoir Judiciaire; Ordre Judiciaire; Organisation de l'Ordre Judiciaire en général.

———

Extrait des arrêtés délibérés le 4 août 1789, rédigés le 11, publiés le 21 septembre, promulgués le 3 novembre suivant.

ARTICLE IV.

Abolition des justices seigneuriales.

Toutes les justices seigneuriales sont supprimées sans indemnité; & néanmoins les anciens officiers de ces justices continueront leurs fonctions, jusqu'à ce qu'il ait été pourvu par l'Assemblée nationale, à l'établissement d'un nouvel ordre judiciaire.

Code judiciaire général. A

EXTRAIT des articles conſtitutionnels rédigés le 1er octobre 1789, acceptés le 5, & promulgués le 3 novembre.

ART. XIX.

Diſtinction & exercice du pouvoir judiciaire.

Le pouvoir judiciaire ne pourra, en aucun cas, être exercé par le Roi ni par le Corps légiſlatif; mais la juſtice ſera adminiſtrée au nom du Roi, par les ſeuls tribunaux établis par la loi, ſuivant les principes de la Conſtitution, & ſelon les formes déterminées par la loi.

Voyez l'acte conſtitutionnel, tit. III, ch. 5, art. premier & ſuiv., & le décret du 16 août 1790, tit. II.

DÉCRET du 16 novembre 1789,

Sanctionné le 29,

Portant abolition des proviſions des offices de judicature & du centième denier.

L'Aſſemblée nationale conſidérant que, d'après la ſuppreſſion de la vénalité des offices de judicature qu'elle a prononcée par ſon décret du 4 août, toute réſignation ou traité des offices de judicature ne doivent être regardés que comme un ſimple tranſport ou ceſſion de la finance, ſur lequel il ne peut être accordé aucunes proviſions;

Conſidérant en outre, qu'il ſeroit contraire aux règles de la juſtice, de laiſſer les titulaires ou propriétaires de la finance deſdits offices de judicature, aſſujétis plus long-temps aux droits de mutation ou de centième denier, puifque ces droits n'ont été introduits qu'en confidération de la tranfmiffibilité, laquelle n'exifte plus;

Ouï le rapport du comité de judicature, a décrété & décrète ce qui fuit:

ARTICLE PREMIER.

A compter du jour de la promulgation du préfent décret, il ne fera plus expédié ni fcellé aucunes provifions fur réfignation, vente ou autre genre de vacance des offices de judicature, compris au décret du 4 août: fauf à être provifoirement expédié des commiffions pour les offices des fonctions de magiftrature, & ce, dans le cas de néceffité feulement.

Voyez le titre XIV du décret du 16 août 1790, art. 14 & 15.

ART. II.

Il ne fera plus payé aucun droit de mutation, d'annuel ou centième denier, pour raifon defdits offices de judicature.

ART. III.

Les offices dépendans des apanages des princes, des engagiftes & échangiftes, font compris dans le préfent décret.

DÉCRET du 24 mars 1790,

Sur la réforme de l'ordre judiciaire.

L'Affemblée nationale décrète que l'ordre judiciaire fera reconftitué en entier.

Ce décret a été exécuté par les difpofitions de celui du 16 août 1790.

DÉCRET du 31 Mars 1790,

Pour fixer l'ordre des questions sur l'organisation du pouvoir judiciaire.

L'Assemblée nationale décrète qu'avant de régler l'organisation du pouvoir judiciaire, les questions suivantes seront discutées & décidées.

1°. Etablira-t-on des jurés ?

2°. Les établira-t-on en matière civile & en matière criminelle ?

3°. La justice sera-t-elle rendue par des tribunaux sédentaires, ou par des juges d'assises ?

4°. Y aura-t-il plusieurs degrés de jurisdiction, ou bien l'usage de l'appel sera-t-il aboli ?

5°. Les juges seront-ils établis à vie, ou seront-ils élus pour un temps déterminé ?

6°. Les juges seront-ils élus par le peuple, ou doivent-ils être institués par le roi ?

7°. Le ministère public sera-t-il établi entièrement par le roi ?

8°. Y aura-t-il un tribunal de cassation ou de grands juges ?

9°. Les mêmes juges connoîtront-ils de toutes les matières, ou divisera-t-on les différens pouvoirs de la jurisdiction pour les causes de commerce, de l'administration, des impôts & de la police ?

10°. Etablira-t-on un comité chargé de présenter à l'Assemblée un travail sur les moyens d'accorder les principales dispositions des lois civiles & criminelles avec le nouvel ordre judiciaire ?

Les décrets qui ont prononcé sur ces questions, vont être rapportés successivement ; ils ont été la plupart littéralement insérés, & leurs conséquences développées par plusieurs autres articles, dans le décret du 16 août 1790, que le roi a accepté & sanctionné le 24 août.

DÉCRET du 30 avril 1790,

Sur l'établissement des jurés.

L'Assemblée nationale décrète :

1°. Qu'il y aura des jurés en matière criminelle ;

2°. Qu'il n'en sera point établi en matière civile.

DÉCRET du premier mai 1790,

Concernant les juges en première instance.

L'Assemblée nationale décrète que les juges de première instance seront sédentaires ; l'Assemblée nationale se réservant de statuer ultérieurement si l'appel sera admis, & si les juges d'appel ou de révision seront sédentaires.

DÉCRET du premier mai 1790,

Sur la faculté de l'appel.

L'Assemblée nationale décrète qu'il y aura deux degrés de jurisdiction en matière civile : sauf les exceptions particulières qu'elle pourra déterminer, & sans entendre rien préjuger en matière criminelle.

DÉCRET des 3, 4, 5 & 7 mai 1790,

Concernant les juges d'appel & l'élection des juges.

L'Assemblée nationale décrète :

Que les juges d'appel seront sédentaires ;

Que les juges seront établis pour un temps déterminé ;

Que les juges pourront être réélus fans intervalle ;
Que les juges feront élus pour fix ans ;
Que les juges feront élus par le peuple ;
Que le roi ne pourra point refufer fon confentement à l'admiffion d'un juge choifi par le peuple ;
Et que les électeurs ne préfenteront point au roi plus d'un fujet, à chaque vacance d'office de judicature.

DÉCRET du 8 mai 1790,

Concernant les lettres-patentes qui feront expédiées aux juges.

L'Affemblée nationale décrète que le juge nommé par le peuple, recevra des lettres-patentes du roi, fcellées du fceau de l'Etat, lefquelles feront expédiées fans frais, & fuivant la formule qui fera décrétée par l'Affemblée.

DÉCRET du 8 mai 1790,

Concernant la nomination des officiers chargés du miniftère public.

L'Affemblée nationale a décrété & décrète :
1°. Que les officiers chargés du miniftère public feront nommés par le roi ;
2°. Qu'ils feront inftitués à vie, & ne pourront être deftitués que pour forfaiture ;
3°. Que les membres de l'Affemblée nationale actuelle, ne pourront être nommés par le roi, pour remplir lefdites fonctions, que quatre ans après la clôture de la préfente feffion ; & ceux des légiflatures fuivantes, que deux ans après la clôture des feffions refpectives.

4°. Ils ne pourront être membres des assemblées administratives de district ou de département, non plus que des municipalités.

La disposition du troisième article de ce décret, n'ayant pas été portée dans le décret général du 16 août 1790, sur lequel l'acceptation & sanction du roi ont été données, cette disposition particulière a été acceptée par le roi le 27 septembre 1790.

***

DÉCRET des 24 & 26 mai 1790,

Sur la faculté de se pourvoir contre les jugemens par la voie de la cassation; & sur les juges qui en connoîtront.

L'Assemblée nationale décrète que les jugemens en dernier réssort, pourront être attaqués par la voie de la cassation;

Que les juges qui connoîtront de la cassation, seront tous sédentaires.

***

DÉCRET du 27 mai 1790,

Sur l'établissement des juges de commerce.

L'Assemblée nationale décrète qu'il y aura des tribunaux particuliers pour le jugement des matières de commerce.

Voyez le décret du 16 août 1790, particulièrement au titre XII.

A 4

ARTICLES de la Conftitution françaife, relatifs au pouvoir & à l'ordre judiciaire, préfentés au roi le 3 feptembre 1791, acceptés par le roi le 14.

On remarquera fans doute que ces articles font ici hors de leur date : mais ce font des bafes fondamentales qu'il faut néceffairement placer avant toûtes les autres lois qui en dérivent.

Difpofitions préliminaires au titre premier.

Il n'y a plus ni vénalité ni hérédité d'aucun office public.

TITRE III.

Des Pouvoirs publics.

ARTICLE V.

Le pouvoir judiciaire eft délégué à des juges élus à temps par le peuple.

Sur le temps & les formes de l'élection, voyez le décret du 16 août 1790, titre II & titre VI, avec les décrets qui y font indiqués.

CHAPITRE V.

Du Pouvoir judiciaire.

Ce chapitre de l'acte conftitutionnel a été rédigé en exécution du quatrième des articles additionnels au décret du 16 août 1790, qu'il faut voir.

ARTICLE PREMIER.

Le pouvoir judiciaire ne peut, en aucun cas, être exercé par le Corps légiflatif ni par le roi.

Rapprochez de cet article & des fuivans, les difpofitions préliminaires fur l'ordre judiciaire, décrétées du 24 mars au 27 mai 1790, rapportées ci-devant pages 5 & 12; & les articles du décret général du 16 août 1790.

A r t. I I.

La justice sera rendue gratuitement par des juges élus à temps par le peuple, & institués par lettres-patentes du roi, qui ne pourra les refuser.

Ils ne pourront être, ni destitués que pour forfaiture duement jugée, ni suspendus que par une accusation admise.

L'accusateur public sera nommé par le peuple.

A r t. I I I.

Les tribunaux ne peuvent, ni s'immiscer dans l'exercice du pouvoir législatif, ou suspendre l'exécution des lois; ni entreprendre sur les fonctions administratives, ou citer devant eux les administrateurs pour raison de leurs fonctions.

A r t. I V.

Les citoyens ne peuvent être distraits des juges que la loi leur assigne, par aucune commission, ni par d'autres attributions & évocations que celles qui sont déterminées par les lois.

A r t. V.

Le droit des citoyens, de terminer définitivement leurs contestations par la voie de l'arbitrage, ne peut recevoir aucune atteinte par les actes du pouvoir législatif.

A r t. V I.

Les tribunaux ordinaires ne peuvent recevoir aucune action au civil, sans qu'il leur soit justifié que les parties ont comparu, ou que le demandeur a cité sa partie adverse devant des médiateurs, pour parvenir à une conciliation.

Art. VII.

Il y aura un ou plusieurs juges-de-paix dans les cantons & dans les villes. Le nombre en sera déterminé par le pouvoir législatif.

Art. VIII.

Il appartient au pouvoir législatif de régler le nombre & les arrondissemens des tribunaux, & le nombre des juges dont chaque tribunal sera composé.

Art. IX.

En matière criminelle, nul citoyen ne peut être jugé que sur une accusation reçue par des jurés, ou décrétée par le Corps législatif dans les cas où il lui appartient de poursuivre l'accusation.

Après l'accusation admise, le fait sera reconnu & déclaré par des jurés.

L'accusé aura la faculté d'en récuser jusqu'à vingt, sans donner de motifs.

Les jurés qui déclareront le fait, ne pourront être au-dessous du nombre de douze.

L'application de la loi sera faite par des juges.

L'instruction sera publique ; & l'on ne pourra refuser aux accusés le secours d'un conseil.

Tout homme acquitté par un juré légal, ne peut plus être repris ni accusé à raison du même fait.

Art. X.

Nul homme ne peut être saisi que pour être conduit devant l'officier de police ; & nul ne peut être mis en arrestation ou détenu, qu'en vertu d'un mandat des officiers de police, d'une ordonnance de prife-de-corps d'un tribunal, d'un décret d'accufation du Corps légiflatif dans le cas où il lui appartient de le prononcer; ou d'un jugement de condamnation à prifon ou détention correctionnelle.

Art. XI.

Tout homme faifi & conduit devant l'officier de police, fera examiné fur-le-champ, ou au plus tard dans les vingt-quatre heures.

S'il réfulte de l'examen, qu'il n'y a aucun fujet d'inculpation contre lui, il fera remis auffitôt en liberté; ou, s'il y a lieu de l'envoyer à la maifon d'arrêt, il y fera conduit dans le plus bref délai, qui, en aucun cas, ne pourra excéder trois jours.

Art. XII.

Nul homme arrêté ne peut être retenu s'il donne caution fuffifante, dans tous les cas où la loi permet de refter libre fous cautionnement.

Art. XIII.

Nul homme, dans le cas où fa détention eft autorifée par la loi, ne peut être conduit & détenu que dans les lieux légalement & publiquement défignés pour fervir de maifon d'arrêt, de maifon de juftice, ou de prifon.

Art. XIV.

Nul gardien ou geolier ne peut recevoir ni retenir aucun homme qu'en vertu d'un mandat, ordonnance de prife-de-corps, décret d'accufation, ou jugement, mentionnés dans l'article X ci-deffus, & fans que la tranfcription en ait été faite fur fon regiftre.

A r t. X V.

Tout gardien ou geolier eft tenu, fans qu'aucun ordre puiffe l'en difpenfer, de reprefenter la perfonne du détenu à l'officier civil ayant la police de la maifon de détention, toutes les fois qu'il en fera requis par lui.

La repréfentation de la perfonne du détenu ne pourra de même être refufée à fes parens & amis, porteurs de l'ordre de l'officier civil, qui fera toujours tenu de l'accorder, à moins que le gardien ou geolier ne repréfente une or-donnance du juge, tranfcrite fur fon regiftre, pour tenir l'arrêté au fecret.

A r t. X V I.

Tout homme, quelle que foit fa place ou fon emploi, autre que ceux à qui la loi donne le droit d'arreftation, qui donnera, fignera, exécutera ou fera exécuter l'ordre d'ar-rêter un citoyen ; ou quiconque, même dans les cas d'ar-reftation autorifés par la loi, conduira, recevra ou retiendra un citoyen dans un lieu de détention non publiquement & légalement défigné ; & tout gardien ou geolier qui con-treviendra aux difpofitions des articles XIV & XV ci-def-fus, feront coupables du crime de détention arbitraire.

Voyez au code pénal, quatrième partie du code judiciaire, tit. I., fection 3, art. 19, les peines prononcées contre le crime de détention arbitraire.

A r t. X V I I.

Nul homme ne peut être recherché ni pourfuivi pour raifon des écrits qu'il aura fait imprimer ou publier fur quel-que matière que ce foit, fi ce n'eft qu'il ait provoqué à def-fein la défobéiffance à la loi, l'aviliffement des pouvoirs conftitués, la réfiftance à leurs actes, ou quelques-unes des actions déclarées crimes ou délits par la loi.

La cenſure ſur les actes des pouvoirs conſtitués eſt permiſe; mais les calomnies volontaires contre la probité des fonctionnaires publics & la droiture de leurs intentions dans l'exercice de leurs fonctions, pourront être pourſuivies par ceux qui en ſont l'objet.

Les calomnies & injures contre quelques perſonnes que ce ſoit, relatives aux actions de leur vie privée, ſeront punies ſur leur pourſuite.

Art. XVIII.

Nul ne peut être jugé, ſoit par la voie civile, ſoit par la voie criminelle, pour fait d'écrits imprimés ou publiés, ſans qu'il ait été reconnu & déclaré par un juré, 1°. s'il y a délit dans l'écrit dénoncé; 2°. ſi la perſonne pourſuivie en eſt coupable.

Art. XIX.

Il y aura pour tout le royaume, un ſeul tribunal de caſſation, établi auprès du Corps légiſlatif. Il aura pour fonctions de prononcer,

Sur les demandes en caſſation contre les jugemens rendus en dernier reſſort par les tribunaux;

Sur les demandes en renvoi d'un tribunal à un autre, pour cauſe de ſuſpicion légitime;

Sur les règlemens de juges & les priſes-à-partie contre un tribunal entier.

Art. XX.

En matière de caſſation, le tribunal de caſſation ne pourra jamais connoître du fond des affaires; mais, après avoir caſſé le jugement qui aura été rendu ſur une procédure dans laquelle les formes auront été violées, ou qui contiendra une contravention expreſſe à la loi, il renverra le fond du procès au tribunal qui doit en connoître.

ART. XXI.

Lorsqu'après deux caſſations, le jugement du troiſième tribunal ſera attaqué par les mêmes moyens que les deux premiers, la queſtion ne pourra plus être agitée au tribunal de caſſation ſans avoir été ſoumiſe au Corps légiſlatif, qui portera un décret déclaratoire de la loi, auquel le tribunal de caſſation ſera tenu de ſe conformer.

ART. XXII.

Chaque année, le tribunal de caſſation ſera tenu d'envoyer à la barre du Corps légiſlatif, une députation de huit de ſes membres, qui lui préſenteront l'état des jugemens rendus, à côté de chacun deſquels ſeront la notice abrégée de l'affaire, & le texte de la loi qui aura déterminé la déciſion.

ART. XXIII.

Une haute-cour-nationale, formée de membres du tribunal de caſſation & de hauts-jurés, connoîtra des délits des miniſtres & des agens principaux du pouvoir exécutif, & des crimes qui attaqueront la ſûreté générale de l'État, lorſque le Corps légiſlatif aura rendu un décret d'accuſation.

Elle ne ſe raſſemblera que ſur la proclamation du Corps légiſlatif, & à une diſtance de 30,000 toiſes au moins du lieu où la légiſlature tiendra ſes ſéances.

Voyez ci-deſſous le décret du 10 mai 1791.

ART. XXIV.

Les expéditions exécutoires des jugemens des tribunaux ſeront conçues ainſi qu'il ſuit :

N. (*le nom du roi*) par la grâce de Dieu & par la loi

conftitutionnelle de l'État, roi des Français ; à tous préfens & à venir, falut : le tribunal de . . . . a rendu le jugement fuivant :

(*Ici fera copié le jugement , dans lequel il fera fait mention du nom des juges.*)

Mandons & ordonnons à tous huiffiers fur ce requis, de mettre ledit jugement à exécution , à nos commiffaires auprès des tribunaux d'y tenir la main, & à tous commandans & officiers de la force publique , de prêter main-forte , lorfqu'ils en feront légalement requis : en foi de quoi le préfent jugement a été figné par le préfident du tribunal & par le greffier.

La minute originale de l'acte contitutionnel porte , *a été fcellé & figné ;* mais le mot *fcellé* ne devroit pas s'y trouver , ayant été retranché par un décret rendu dans la féance du 16 août 1791.

A r t. X X V.

Les fonctions des commiffaires du roi auprès des tribunaux , feront de requérir l'obfervation des lois dans les jugemens à rendre , & de faire exécuter les jugemens rendus.

Ils ne feront point accufateurs publics ; mais ils feront entendus fur toutes les accufations , & requerront, pendant le cours de l'inftruction , pour la régularité des formes ; & avant le jugement , pour l'application de la loi.

A r t. X X V I.

Les commiffaires du roi auprès des tribunaux dénonceront au directeur du juré , foit d'office, foit d'après les ordres qui leur feront donnés par le roi,

Les attentats contre la liberté individuelle des citoyens, contre la libre circulation des fubfiftances & autres objets de commerce , & contre la perception des contributions;

Les délits par lefquels l'exécution des ordres donnés par le roi , dans l'exercice des fonctions qui lui font déléguées , feroit troublée ou empêchée;

Les attentats contre le droit des gens;

Et les rebellions à l'exécution des jugemens, & de tous les actes exécutoires émanés des pouvoirs constitués.

Art. XXVII.

Le ministre de la justice dénoncera au tribunal de cassation, par la voie du commissaire du roi, & sans préjudice du droit des parties intéressées, les actes par lesquels les juges auroient excédé les bornes de leur pouvoir.

Le tribunal les annullera; & s'ils donnent lieu à la forfaiture, le fait sera dénoncé au Corps législatif, qui rendra le décret d'accusation, s'il y a lieu, & renverra les prévenus devant la haute-cour-nationale.

Décret du 16 août 1790,

Accepté & sanctionné par le roi le 24 août 1790,

Concernant l'organisation judiciaire.

TITRE PREMIER.

Des Arbitres.

Article premier.

L'arbitrage étant le moyen le plus raisonnable de terminer les contestations entre les citoyens, les législatures ne pourront faire aucunes dispositions qui tendroient à diminuer, soit la faveur, soit l'efficacité des compromis.

Voyez l'acte constitutionnel, titre III, ch. 5, art. 5.

Art. II.

Toutes personnes ayant le libre exercice de leurs droits & de leurs actions, pourront nommer un ou plusieurs arbitres

bitres pour prononcer fur leurs intérêts privés, dans tous les cas & en toutes matières fans exception.

Voyez ci-deſſous, tit. X, art. 12 & 13.

A r t. I I I.

Les compromis qui ne fixeront aucun délai dans lequel les arbitres devront prononcer, & ceux dont le délai fera expiré, feront néanmoins valables & auront leur exécution, jusqu'à ce qu'une des parties ait fait fignifier aux arbitres qu'elle ne veut plus tenir à l'arbitrage.

A r t. I V.

Il ne fera point permis d'appeler des fentences arbitrales; à moins que les parties ne fe foient expreſſément réfervé, par le compromis, la faculté de l'appel.

Voyez ci-deſſous, tit. X, art. 14.

A r t. V.

Les parties qui conviendront de fe réferver l'appel, feront tenues de convenir également, par le compromis, d'un tribunal entre tous ceux du royaume, auquel l'appel fera déféré : faute de quoi l'appel ne fera pas reçu.

A r t. V I.

Les fentences arbitrales dont il n'y aura pas d'appel, feront rendues exécutoires par une fimple ordonnance du préfident du tribunal de diſtrict, qui fera tenu de la donner au bas ou en marge de l'expédition qui lui fera préfentée.

TITRE II.

Des Juges en général.

ARTICLE PREMIER.

La juſtice ſera rendue au nom du roi.

Voyez l'aĉte conſtitutionnel , tit. III , chap. 5, art. 24.

ART. II.

La vénalité des offices de judicature eſt abolie pour tou-jours ; les juges rendront gratuitement la juſtice , & ſeront ſalariés par l'État.

Voyez l'aĉte conſtitutionnel, diſpoſitions préliminaires au titre Ier ; & l'art. 2 du chap. 5 , tit. III ; voyez auſſi le décret du 2 ſeptembre 1790 , qui fixe le traitement des juges ; & celui du 29 janvier 1791 ſur la ſuppreſſion de la vénalité des offices miniſtériels.

ART. III.

Les juges ſeront élus par les juſticiables.

Voyez l'aĉte conſtitutionnel , tit. III , chap. 5, art. 2 ; pour la forme des élections, le titre VI du préſent décret ; pour les qua-lités qui rendent éligible, le titre XIII.

ART. IV.

Ils ſeront élus pour ſix années ; à l'expiration de ce terme, il ſera procédé à une élection nouvelle, dans laquelle les mêmes juges pourront être réélus.

ART. V.

Il ſera nommé auſſi des ſuppléans qui , ſelon l'ordre de leur nomination , remplaceront juſqu'à l'époque de la prochaine élection, les juges dont les places viendront à vaquer dans le cours des fix années. Une partie fera prife dans la ville même du tribunal, pour fervir d'affeffeurs en cas d'empêchement momentané de quelques-uns des juges.

Voyez ci-deffous, titre IV, art. 1.

A r t. V I.

Les juges élus, & les fuppléans, lorfqu'ils devront entrer en activité après la mort ou la démiffion des juges, recevront du roi, des lettres-patentes fcellées du fceau de l'Etat, lefquelles ne pourront être refufées; & feront expédiées fans retard & fans frais, fur la feule préfentation du procès-verbal d'élection.

Voyez l'acte conftitutionnel, tit. III, chap. 5, art. 2.

A r t. V I I.

Les lettres - patentes feront conçues dans les termes fuivans :

« *LOUIS , &c.*   *Les électeurs du*
» *diftrict de*   *Nous ayant fait repréfenter*
» *le procès-verbal de l'élection qu'ils ont faite , conformé-*
» *ment aux décrets conftitutionnels , de la perfonne du fieur*
»   *pour remplir, pendant fix années ,*
» *un office de juge du diftrict de*   *Nous*
» *avons déclaré & déclarons que ledit fieur*
» *est juge du diftrict de*   *; qu'honneur*
» *doit lui être porté en cette qualité; & que la force pu-*
» *blique fera employée en cas de néceffité , pour l'exécution*
» *des jugemens auxquels il concourra , après avoir prêté le*
» *ferment requis , & avoir été duement inftallé* ».

A r t. V I I I.

Les officiers chargés des fonctions du miniftère public,

feront nommés à vie par le roi, & ne pourront, ainfi que les juges, être deftitués que pour forfaiture duement jugée par juges compétens.

Voyez l'acte conftitutionnel, tit. III, chap. 4, art. 2; & chap. 5, art. 2 & 25.

A r t. I X.

Nul ne pourra être élu juge ou fuppléant, ou chargé des fonctions du miniftère public, s'il n'eft âgé de trente ans accomplis, & s'il n'a été pendant cinq ans juge ou homme de loi exerçant publiquement auprès d'un tribunal.

Voyez ci-deffous titre XIII, (ou décret des 25 août & 2 feptembre 1790) art. 5 & fuivans; voyez auffi le décret du 6 mars 1791, art. 28 & fuivans, fur les droits & obligations des fuppléans; & dans le code de l'adminiftration du royaume, le décret du 10 avril 1790, qui exclut toute difpenfe d'âge.

A r t. X.

Les tribunaux ne pourront prendre directement ou indirectement, aucune part à l'exercice du Pouvoir légiflatif, ni empêcher ou fufpendre l'exécution des décrets du Corps légiflatif, fanctionnés par le roi, à peine de forfaiture.

Voyez l'acte conftitutionnel, tit. III, chap. 5, art. 3.

A r t. X I.

Ils feront tenus de faire tranfcrire purement & fimplement, dans un regiftre particulier, & de publier dans la huitaine, les loix qui leur feront envoyées, & d'en certifier la réception.

Voyez l'acte conftitutionnel, tit. III, chap. 4, fect. 1, art. 5. La forme de l'envoi eft réglée par le décret du 2 novembre 1790, rapporté au code de l'adminiftration du royaume.

A r t. X I I.

Ils ne pourront point faire de règlemens, mais ils s'adreſ-
feront au Corps légiſlatif toutes les fois qu'ils croiront
néceſſaire, ſoit d'interpréter une loi, ſoit d'en faire une
nouvelle.

Voyez ci-deſſous l'art. 35 du décret du 6 mars 1791.

A r t. X I I I.

Les fonctions judiciaires ſont diſtinctes, & demeureront
toujours ſéparées des fonctions adminiſtratives. Les juges
ne pourront, à peine de forfaiture, troubler, de quelque
manière que ce ſoit, les opérations des corps adminiſtra-
tifs, ni citer devant eux les adminiſtrateurs pour raiſon de
leurs fonctions.

Voyez l'acte conſtitutionnel, tit. III, chap. 5, art. 3; & au code
de l'adminiſtration du royaume, le décret du 14 novembre 1790.

A r t. X I V.

En toute matière civile ou criminelle, les plaidoyers,
rapports & jugemens ſeront publics; & tout citoyen aura
le droit de défendre lui-même ſa cauſe, ſoit verbalement,
ſoit par écrit.

Voyez ci-deſſous le décret du 29 janvier 1791, ſur les officiers
miniſtériels.

A r t. X V.

La procédure par jurés aura lieu en matière criminelle :
l'inſtruction ſera faite publiquement, & aura la publicité
qui ſera déterminée.

Voyez l'acte conſtitutionnel, tit. III, chap. 5, art. 9; & le code
criminel, ou code judiciaire partie troiſième.

A r t. X V I.

Tout privilége en matière de juriſdiction, est aboli. Tous

les citoyens, fans diftinction, plaideront en la même forme
& devant les mêmes juges, dans les mêmes cas.

Voyez ci-deffous, titre XIV (ou décret des 6 & 7 feptembre
1790) art. 13.

A r t. X V I I.

L'ordre conftitutionnel des jurifdictions ne pourra être
troublé, ni les jufticiables diftraits de leurs juges naturels,
par aucunes commiffions, ni par d'autres attributions ou
évocations que celles qui font déterminées par la loi.

Voyez fur ces deux articles, l'acte conftitutionnel, tit. III, chap. 5,
art. 4.

A r t. X V I I I.

Tous les citoyens étant égaux devant la loi , & toute
préférence pour le rang & le tour d'être jugé, étant une
injuftice : toutes les affaires, fuivant leur nature, feront
jugées lorfqu'elles feront inftruites, dans l'ordre felon lequel
le jugement en aura été requis par les parties.

A r t. X I X.

Les loix civiles feront revues & réformées par les légiflatures ; & il fera fait un code général de lois fimples ,
claires, & appropriées à la Conftitution.

Voyez l'acte conftitutionnel, titre Ier, à la fin.

A r t. X X.

Le code de la procédure civile fera inceffamment réformé,
de manière qu'elle foit rendue plus fimple, plus expéditive
& moins coûteufe.

Et jufques-là l'ordonnance de 1667 fera fuivie. Décret du 12 octobre
1790, art. 3 ; & du 6 mars 1791, art. 34.

A R T. X X I.

Le code pénal fera inceffamment réformé, de manière que les peines foient proportionnées aux délits : obfervant qu'elles foient modérées, & ne perdant pas de vue cette maxime de la déclaration des droits de l'homme, que *la loi ne peut établir que des peines ftrictement & évidemment né-ceffaires.*

Déclaration des droits de l'homme, art. 8. *Voyez* le code pénal, ou code judiciaire partie quatrième.

T I T R E I I I.

Des Juges-de-paix.

A R T I C L E P R E M I E R.

Il y aura dans' chaque canton, un juge-de-paix, & des prud'hommes-affeffeurs du juge-de-paix.

Voyez l'acte conftitutionnel, tit. III, chap. 5, art. 7; & fur la procédure à tenir devant le juge-de-paix, voyez au code civil, ou code judiciaire, partie 2, le décret du 14 octobre 1790 ; voyez auffi le décret du 6 mars 1791 ci-deffous, fur la compétence des juges-de-paix ; & le décret du premier décembre 1790, fur le moment de leur entrée en fonctions.

A R T. I I.

S'il y a dans le canton une ou plufieurs villes ou bourgs dont la population excède deux mille ames, ces villes ou bourgs auront un juge-de-paix & des prud'hommes particuliers. Les villes & bourgs qui contiendront plus de huit mille ames, auront le nombre de juges-de-paix qui fera déterminé par le Corps légiflatif, d'après les renfei-gnemens qui feront donnés par les adminiftrations de départemens.

Pour les juges-de-paix à Paris, voyez le décret du 25 août 1790.

B 4

A r t. I I I.

Le juge-de-paix ne pourra être choisi que parmi les citoyens éligibles aux administrations de département & de diftrict, & âgés de trente ans accomplis, fans autre condition d'éligibilité.

Voyez le décret du 2 feptembre 1790, art. 2; & pour les qua ités incompatib'es avec celle de juge-de-paix, voyez le décret du 15 janvier 1791, & celui du 6 mars 1791, art. 1 & 2.

A r t. I V.

Le juge-de-paix fera élu au fcrutin individuel, & à la pluralité abfolue des fuffrages, par les citoyens actifs réunis en affemblées primaires. S'il y a plufieurs affemblées primaires dans le canton, le recenfement de leurs fcrutins particuliers fera fait en commun, par des commiffaires de chaque affemblée. Il en fera de même dans les villes & bourgs au-deffus de huit mille ames, à l'égar¹ des fections qui concourront à la nomination du même juge-de-paix.

A r t. V.

Une expédition de l'acte de nomination du juge-de-paix, fera envoyée & dépofée au greffe du tribunal de diftrict. L'acte de nomination & celui du dépôt au greffe, tien 'ront lieu de lettres-patentes au juge-de-paix.

Pour le ferment qu'il prêtera, voyez ci-deffous titre VII, art. 6.

A r t. V I.

Les mêmes électeurs nommeront parmi les citoyens actifs de chaque municipalité, au fcrutin de lifte, & à la pluralité relative, quatre notables deftinés à faire lés fonctions d'affeffeurs du juge-de-paix. Ce juge appellera ceux qui seront nommés dans la municipalité du lieu où il aura besoin de leur assistance.

A r t. VII.

Dans les villes & bourgs dont la population excédera huit mille ames, les prud'hommes-assesseurs seront nommés en commun, par les sections qui concourront à l'élection d'un juge-de-paix. Elles recenseront à cet effet leurs scrutins particuliers, comme il est dit en l'article 4 ci-dessus.

A r t. VIII.

Le juge-de-paix & les prud'hommes seront élus pour deux ans, & pourront être continués par réélection.

A r t. IX.

Le juge-de-paix, assisté de deux assesseurs, connoîtra avec eux de toutes les causes purement personnelles & mobiliaires, sans appel, jusqu'à la valeur de cinquante livres; & à charge d'appel jusqu'à la valeur de cent livres. En ce dernier cas, ses jugemens seront exécutoires par provision, nonobstant l'appel, en donnant caution. Les législatures pourront élever le taux de cette compétence.

A r t. X.

Il connoîtra de même sans appel, jusqu'à la valeur de cinquante livres; & à charge d'appel, à quelque valeur que la demande puisse monter :

1°. Des actions pour dommages faits, soit par les hommes, soit par les animaux, aux champs, fruits & récoltes.

2°. Des déplacemens de bornes, des usurpations de terres, arbres, haies, fossés & autres clôtures, commises dans l'année ; des entreprifes fur les cours d'eau fervant à l'arrofement des prés, commifes pareillement dans l'année ; & de toutes autres actions poffeffoires.

3°. Des réparations locatives des maifons & fermes.

4°. Des indemnités prétendues par le fermier ou locataire, pour non jouiffance, lorfque le droit de l'indemnité ne fera pas contefté ; & des dégradations alléguées par le propriétaire.

5°. Du paiement des falaires des gens de travail, des gages des domeftiques, & de l'exécution des engagemens refpectifs des maîtres & de leurs domeftiques ou gens de travail.

6°. Des actions pour injures verbales, rixes & voies de fait, pour lefquelles les parties ne fe feront point pourvues par la voie criminelle.

Ajoutez les objets contenus ou exceptés au décret du 6 mars 1791, rapporté ci-deffous.

Art. XI.

Lorfqu'il y aura lieu à l'appofition des fcellés, elle fera faite par le juge-de-paix, qui procédera auffi à leur reconnoiffance & levée, mais fans qu'il puiffe connoître des conteftations qui pourront s'élever à l'occafion de cette reconnoiffance.

Il recevra les délibérations de famille pour la nomination des tuteurs, des curateurs aux abfens & aux enfans à naître, & pour l'émancipation & la curatelle des mineurs, & toutes celles auxquelles la perfonne, l'état ou les affaires des mineurs & des abfens pourront donner lieu pendant la durée de la tutelle ou curatelle, à charge de renvoyer devant les juges de diftrict la connoiffance de tout ce qui deviendra contentieux dans le cours ou par fuite des délibérations ci-deffus.

Il pourra recevoir, dans tous les cas, le ferment des tuteurs & curateurs.

Art. XII.

L'appel des jugemens du juge-de-paix, lorsqu'ils seront sujets à l'appel, sera porté devant les juges du district, & jugé par eux en dernier ressort, à l'audience & sommairement, sur le simple exploit d'appel.

Mais après avoir passé au bureau de paix : décret du 6 mars 1791, art. 21. Voyez aussi l'art. 7 du tit. IV de la présente loi.

Art. XIII.

Si le juge-de-paix vient à décéder dans le cours des deux années de son exercice, il sera procédé sans retard à une nouvelle élection; & dans le cas d'un empêchement momentané, il sera suppléé par un des assesseurs.

TITRE IV.

Des juges de première instance.

Article premier.

Il sera établi en chaque district, un tribunal composé de cinq juges, auprès duquel il y aura un officier chargé des fonctions du ministère public. Les suppléans y seront au nombre de quatre, dont deux au moins seront pris dans la ville de l'établissement, ou tenus de l'habiter.

Voyez l'acte constitutionnel, tit. III, chap. 5, art. 8. Ce qui regarde le ministère public est l'objet du tit. VIII de la présente loi.

Art. II.

Dans les districts où il se trouvera une ville dont la population excédera cinquante mille ames, le nombre des juges pourra être porté à six, lorsque le Corps législatif aura reconnu la nécessité de cette augmentation, d'après les instructions des administrations de départemens. Ces six juges se diviseront en deux chambres, qui jugeront concurremment tant des causes de première instance, que les appels des jugemens des juges-de-paix.

Pour le nombre de tribunaux & de juges établis à Paris, voyez le décret du 25 août 1790.

A r t.   I I I.

Celui des juges qui aura été élu le premier, présidera; & dans les tribunaux qui se trouveroient divisés en deux chambres, le juge qui auroit été élu le second, présiderderoit à la seconde chambre.

A r t.   I V.

Les juges de district connoîtront en première instance de toutes les affaires personnelles, réelles & mixtes en toutes matières, excepté seulement celles qui ont été déclarées ci-dessus (1) être de la compétence des juges-de-paix; les affaires de commerce, dans les districts où il y aura des tribunaux de commerce établis; & le contentieux de la police municipale.

Voyez ci-après, le titre XI pour ce qui regarde la police; le titre XII pour ce qui regarde les matières de commerce; le décret du 9 janvier 1791, sur la jurisdiction des prud'hommes-pêcheurs. Voyez aussi sur divers objets de compétence, le titre XIV ci-dessous, ou décret du 7 septembre 1790.

A r t.   V.

Les juges de district connoîtront en premier & dernier ressort, de toutes affaires personnelles & mobiliaires, jusqu'à

---

(1) Titre III, art. 9 & 10.

la valeur de mille livres de principal ; & des affaires réelles dont l'objet principal fera de cinquante livres de revenu déterminé, foit en rente, foit par prix de bail.

A r t. V I.

En toutes matières perfonnelles, réelles ou mixtes, à quelque fomme ou valeur que l'objet de la conteftation puiffe monter, les parties feront tenues de déclarer au commencement de la procédure, fi elles confentent à être jugées fans appel, & auront encore, pendant tout le cours de l'inftruction, la faculté d'en convenir : auquel cas les juges de diftrict prononceront en premier & dernier reffort.

A r t. V I I.

Lorfque le tribunal de diftrict connoîtra, foit en première inftance, à charge d'appel, foit de l'appel des jugemens des juges-de-paix, il pourra prononcer au nombre de trois juges ; & lorfqu'il connoîtra dans tous les autres cas en dernier reffort, foit par appel d'un autre tribunal de diftrict, ainfi qu'il fera dit dans le titre fuivant, foit au cas de l'article V ci-deffus, il pourra prononcer au nombre de quatre juges.

T I T R E V.

Des Juges d'appel.

A r t i c l e p r e m i e r.

Les juges de diftrict feront juges d'appel les uns à l'égard des autres, felon les rapports qui vont être déterminés dans les articles fuivans.

A r t. I I.

Lorfqu'il y aura appel d'un jugement, les parties pourront convenir d'un tribunal entre ceux de tous les diſtricts du royaume, pour lui en déférer la connoiſſance ; & elles en feront au greffe leur déclaration ſignée d'elles, ou de leurs procureurs ſpécialement fondés.

A r t. I I I.

Si les parties ne peuvent s'accorder pour le choix d'un tribunal , il ſera déterminé ſelon les formes ci-deſſous preſcrites.

A r t. I V. .

Le directoire de chaque diſtrict propoſera un tableau des ſept tribunaux les plus voiſins du diſtrict , lequel ſera rapporté à l'Aſſemblée nationale , arrêté par elle , & enſuite dépoſé au greffe & affiché dans l'auditoire.

Voyez le décret du 14 novembre 1790.

A r t. V.

L'un des ſept tribunaux au moins , ſera choiſi hors du département.

A r t. V I.

Lorſqu'il n'y aura que deux parties, l'appelant pourra exclure péremptoirement , & ſans qu'il puiſſe en donner aucun motif, trois des ſept tribunaux compoſant le tableau.

A r t. V I I.

Il ſera libre à l'intimé de propoſer une ſemblable excluſion de trois des tribunaux compoſant le tableau.

A r t. V I I I.

S'il y a pluſieurs appelans ou pluſieurs intimés conſorts, ou qui aient eu en première inſtance les mêmes défenseurs, ils seront respectivement tenus de se réunir & de s'accorder, ainsi qu'ils aviseront, pour proposer leurs exclusions.

A r t. I X.

Lorsqu'il y aura eu en première instance trois parties ayant des intérêts opposés & défendus séparément, chacune d'elles pourra exclure seulement deux des sept tribunaux du tableau. Si le nombre des parties est au-dessus de trois, jusqu'à six, chacune d'elles exclura seulement l'un des sept tribunaux. Lorsqu'il y aura plus de six parties, l'appelant s'adressera au directoire de district, qui fera au tableau un supplément d'autant de nouveaux tribunaux de district les plus voisins, qu'il y aura de parties au-dessus du nombre de six.

A r t. X.

L'appelant proposera dans son acte d'appel, l'exclusion qui lui est attribuée; & les autres parties seront tenues de proposer les leurs par acte au greffe, signé d'elles ou de leurs procureurs spécialement fondés, dans la huitaine franche après la signification qui leur aura été faite de l'appel; & à l'égard de celles dont le domicile sera à la distance de plus de vingt lieues, le délai sera augmenté d'un jour pour dix lieues.

A r t. X I.

Aucunes exclusions ne seront reçues de la part de l'appelant, après l'acte d'appel; ni de la part des autres parties, après le délai prescrit dans l'article précédent.

A r t. X I I.

Lorsque les parties auront proposé leurs exclusions, si des sept tribunaux du tableau il n'en reste qu'un qui n'ait pas été exclu, la connoissance de l'appel lui sera dévolue.

Art. XIII.

Si les parties négligent d'uſer de leur faculté d'exclure en tout ou en partie ; ou ſi, eu égard au nombre des parties, les exclations n'atteignent pas ſix des ſept tribunaux du tableau, il ſera permis à celle des parties qui ajournera la première ſur l'appel, de choiſir celui des tribunaux non exclus qu'elle aviſera ; & en cas de concurrence de date, le choix fait par l'appelant ſera préféré.

Art XIV.

Nul appel d'un jugement contradictoire ne pourra être ſignifié ni avant le délai de huitaine à dater du jour du jugement, ni après l'expiration de trois mois à dater du jour de la ſignification du jugement, faite à perſonne ou domicile. Ces deux termes ſont de rigueur, & leur inobſervation emportera la déchéance de l'appel : en conſéquence, l'exécution des jugemens qui ne ſont pas exécutoires par proviſion, demeurera ſuſpendue pendant le délai de huitaine.

Voyez ci-deſſous l'article 7 du titre X, ſur la néceſſité de paſſer préalablement au bureau de paix ; & l'article 10 du même titre, ſur les amendes contre les appelans qui ſuccomberont.

Art. XV.

La rédaction des jugemens, tant ſur l'appel qu'en première inſtance, contiendra quatre parties diſtinctes.

Dans la première, les noms & les qualités des parties ſeront énoncés.

Dans la ſeconde, les queſtions de fait & de droit qui conſtituent le procès, ſeront poſées avec préciſion.

Dans la troiſième, le réſultat des faits reconnus ou conſtatés par l'inſtruction, & les motifs qui auront déterminé le jugement, ſeront exprimés.

La

La quatrième enfin, contiendra le dispositif du jugement.

Voyez sur les expéditions exécutoires des jugemens, l'acte constitutionnel, tit. III, chap. 5, art. 24.

TITRE VI.

De la forme des élections.

ARTICLE PREMIER.

Pour procéder à la nomination des juges, les électeurs du district, convoqués par le procureur-syndic, se réuniront au jour & au lieu qui auront été indiqués pour la convocation ; & après avoir formé l'assemblée électorale dans les formes prescrites par l'article 24 de la première section du décret du 22 décembre dernier, ils éliront les juges au scrutin individuel, & à la pluralité absolue des suffrages.

Voyez le décret du 22 décembre 1789, dans le code de l'administration du royaume : voyez aussi ci-dessous au titre XIV, (ou décret des 6 & 7 septembre 1790) l'art. 19.

ART. II.

Ceux des électeurs nommés par les précédentes assemblées primaires, qui se trouvent membres des corps administratifs, pourront participer, comme électeurs, à la nomination des juges.

ART. III.

Lorsqu'il s'agira de renouveler les juges après le terme des six ans, les électeurs seront convoqués quatre mois avant l'expiration de la sixième année, de manière que toutes les élections puissent être faites, & les procès-ver-

Code judiciaire général. C

baux préfentés au roi deux mois avant la fin de cette fixième année.

A r t. I V.

Si par quelque événement que ce puiffe être, le renou-vellement des juges d'un tribunal fe trouvoit retardé au-delà de fix ans, les juges en exercice feront tenus de continuer leurs fonctions jufqu'à ce que leurs fucceffeurs puiffent entrer en activité.

Voyez fur l'incompatibilité entre les fonctions de juges & plu-fieurs autres fonctions, le décret du 6 mars 1791.

T I T R E V I I.

De l'inftallation des Juges.

A r t i c l e p r e m i e r.

Lorfque les juges élus auront reçu les lettres-patentes du roi, ils feront inftallés en la forme fuivante.

Voyez ci-deffous, le décret du 12 octobre 1790; & ci-deffus, titre II, art. 7, la forme des lettres-patentes.

A r t. I I.

Les membres du confeil-général de la commune du lieu où le tribunal fera établi, fe rendront en la falle d'audience, & y occuperont le fiége.

A r t. I I I.

Les juges introduits dans l'intérieur du parquet, prête-ront à la nation & au roi, devant les membres du con-feil-général de la commune, pour ce délégués par la Conftitution, & en préfence de la commune affiftante, le ferment de *maintenir de tout leur pouvoir la Conftitution du royaume, décrétée par l'Assemblée nationale, & acceptée par le roi; d'être fidèles à la nation, à la loi & au roi, & de remplir avec exactitude & impartialité les fonctions de leurs offices.*

A r t.   I V.

Après ce serment prêté, les membres du conseil-général de la commune, descendus dans le parquet, installeront les juges; & au nom du peuple prononceront pour lui l'engagement de *porter au tribunal & à ses jugemens le respect & l'obéissance que tout citoyen doit à la loi & à ses organes.*

A r t.   V.

Les officiers du ministère public seront reçus & prêteront le serment devant les juges, avant d'être admis à l'exercice de leurs fonctions.

A r t.   V I.

Les juges de paix seront tenus, avant de commencer leurs fonctions, de prêter le même serment que les juges, devant le conseil-général de la commune du lieu de leur domicile.

Voyez au code de l'administration du royaume, le décret du 26 août 1790, qui défend d'exiger aucune somme à l'occasion des sermens dus par les fonctionnaires publics.

T I T R E   V I I I.

Du ministère public.

A r t i c l e   p r e m i e r.

Les officiers du ministère public font *agens du pouvoir exécutif* auprès des tribunaux. Leurs fonctions consistent à faire observer, dans les jugemens à rendre, les loix qui inréreffent l'ordre général, & à faire exécuter les jugemens rendus. Ils porteront le titre de *commiffaires du roi.*

Voyez l'acte conftitutionnel, tit. III, chap. 5, art. 25.

A r t. I I.

Au civil, les commiffaires du roi exerceront leur miniftère, non par voie d'action, mais feulement par celle de réquifition dans les procès dont les juges auront été faifis.

A r t. I I I.

Ils feront entendus dans toutes les caufes des pupilles, des mineurs, des interdits, des femmes mariées, & dans celles où les propriétés & les droits, foit de la nation, foit d'une commune, feront intéreffés. Ils font chargés, en outre, de veiller- pour les abfens indéfendus.

Lors des actions en juftice, & non lors des inventaires, &c. Voyez à cet égard dans le code civil, ou ordre judiciaire, partie 2, le décret du 29 janvier 1791.

A r t. I V.

Les commiffaires du roi ne feront point accufateurs publics, mais ils feront entendus fur toutes les accufations intentées & pourfuivies fuivant le mode que l'Affemblée nationale fe réferve de déterminer. Ils requerront pendant le cours de l'inftruction, pour la régularité des formes; & avant le jugement, pour l'application de la loi.

Voyez l'acte conftitutionnel, tit. III, chap. 5, art. 25; & au code criminel ou ordre judiciaire, partie 3, leurs fonctions lors des inftructions criminelles.

A r t. V.

Les commiffaires du roi, chargés de tenir la main à

l'exécution des jugemens, pourfuivront d'office cette exécution dans toutes les difpofitions qui intérefferont l'ordre public ; & en ce qui concernera les particuliers, ils pourront, fur la demande qui leur en fera faite, foit enjoindre aux huiffiers de prêter leur miniftère, foit ordonner les ouvertures de porte, foit requérir main-forte lorfqu'elle fera néceffaire.

A r t. V I.

Le commiffaire du roi, en chaque tribunal, veillera au maintien de la difcipline & à la régularité du fervice dans le tribunal, fuivant le mode qui fera déterminé par l'Affemblée nationale.

A r t. V I I.

Aucun des commiffaires du roi ne pourra être membre des corps-adminiftratifs, ni des directoires, ni des corps municipaux.

Voyez d'autres incompatibilités dans le décret du 6 mars 1791, art. 27, & dans le décret du 8 mai 1790, rapporté ci-devant.

TITRE IX.

Des Greffiers.

A r t i c l e p r e m i e r.

Les greffiers feront nommés au fcrutin & à la majorité abfolue des voix, par les juges, qui leur délivreront une commiffion & recevront leur ferment. Ils ne pourront être parens ni alliés au troifième degré, des juges qui les nommeront.

A r t. I I.

Il y aura en chaque tribunal un greffier âgé au moins de vingt-cinq ans, lequel fera tenu de préfenter aux juges

& de faire admettre au ferment un ou plufieurs commis également âgés au moins de vingt-cinq ans, en nombre fuffifant pour le remplacer, en cas d'empêchement légitime, defquels il fera refponfable.

A r t. III.

Les greffiers feront tenus de fournir un cautionnement de douze mille livres en immeubles, qui fera reçu par les juges.

A r t. I V.

Ils feront nommés à vie, & ne pourront être deftitués que pour caufe de prévarication jugée.

A r t. V.

Le fecrétaire-greffier, que le juge de paix pourra commettre, prètera fe ment levant lui, & fera difpenfé de tout cautionnement. Il fera de même inamovible.

Voyez fur plufieurs incompatibilités entre les places de greffier & autres, les décrets du 6 mars & du 8 juin 1791; celui-ci au code criminel, ou code judiciaire, partie 3. Sur les fonctions de greffier du juge-de-paix en particulier, voyez le décret du 14 octobre 1790, notamment au titre VIII.

T I T R E X.

Des bureaux de paix, & du tribunal de famille.

A r t i c l e p r e m i e r.

Dans toutes les matières qui excéderont la compétence du juge de paix, ce juge & fes affeffeurs formeront un bureau de paix & de conciliation.

Voyez fur tout ce titre, le décret du 6 mars 1791, art. 16 & fuiv.

A r t. I I.

Aucune action principale ne fera reçue au civil devant les juges de diftrict, entre parties qui feront toutes domiciliées dans le reffort du même juge de paix, foit à la ville, foit à la campagne, fi le demandeur n'a pas donné en tête de fon exploit, copie du certificat du bureau de paix, conftatant que fa partie a été inutilement appelée à ce bureau, ou qu'il a employé fans fruit fa médiation.

Voyez l'acte conftitutionnel, tit. III, chap. 5, art. 6. Par rapport à la citation, & par qui elle doit être faite, voyez au code civil ou ordre judiciaire, partie 2, le décret du 21 feptembre 1791.

A r t. I I I.

Dans le cas où les deux parties comparoîtront devant le bureau de paix, il dreffera un procès-verbal fommaire de leurs dires, aveux ou dénégations fur les points de fait. Ce procès-verbal fera figné des parties, ou, à leur requête, il fera fait mention de leur refus.

A r t. I V.

En chaque ville où il y aura un tribunal de diftrict, le confeil-général de la commune formera un bureau de paix compofé de fix membres choifis, pour deux ans, parmi les citoyens recommandables par leur patriotifme & leur probité, dont deux au moins feront hommes de loi.

A r t. V.

Aucune action principale ne fera reçue au civil dans le tribunal de diftrict, entre parties domiciliées dans les refforts de différens juges de paix, fi le demandeur n'a pas donné copie du certificat du bureau de paix du diftrict, ainſi qu'il eſt dit dans l'article II ci-deſſus; & ſi les partie: comparoiſſent, il ſera de même dreſſé procès-verbal ſommaire par le bureau, de leurs dires, aveux ou dénégations ſur les points de fait : lequel procès-verbal ſera également ſigné d'elles, ou mention ſera faite de leur refus.

Voyez ci-après le décret du 6 mars 1791, art. 25 & ſuiv.

Art. VI.

La citation faite devant le bureau de paix ſuffira ſeule pour autoriſer les pourſuites conſervatoires, lorſque d'ailleurs elles ſeront légitimes ; elle aura auſſi l'effet d'interrompre la preſcription lorſqu'elle aura été ſuivie d'ajournement.

Voyez la diſpoſition de l'article 18 du décret du 6 mars 1791, ci-deſſous.

Art. VII.

L'appel des jugemens des tribunaux de diſtrict ne ſera pas reçu, ſi l'appelant n'a pas ſignifié copie du certificat du bureau de paix du diſtrict où l'affaire a été jugée, conſtatant que ſa partie adverſe a été inutilement appelée devant ce bureau, pour être conciliée ſur l'appel, ou qu'il a employé ſans fruit ſa médiation.

Et de même pour l'appel des jugemens des juges-de-paix : décret du 6 mars 1791, art. 21.

Art. VIII.

Le bureau de paix de diſtrict ſera, en même-temps, bureau de juriſprudence charitable, chargé d'examiner les affaires des pauvres qui s'y préſenteront, de leur donner des conſeils, & de défendre ou faire défendre leurs cauſes.

Art. IX.

Le ſervice qui ſera fait par les hommes de loi dans les

Bureaux de paix & de jurisprudence charitable, leur vaudra l'exercice public des fonctions de leur état auprès des tribunaux, & le temps en sera compté pour l'éligibilité aux places de jug_s.

A r t. X.

Tout appelant dont l'appel sera jugé mal fondé, sera condamné à une amende de neuf livres pour un appel de jugement des juges de paix, & de soixante livres pour l'appel d'un jugement du tribunal de district, sans que cette amende puisse être remise ni modérée sous aucun prétexte.

Elle aura également lieu contre les intimés qui n'auront pas comparu devant le bureau de paix, lorsque le jugement sera réformé ; & elle sera double contre ceux qui, ayant appelé sans s'être présentés au bureau de paix & en avoir obtenu le certificat, seront par cette raison jugés non recevables.

A r t. X I.

Le produit de ces amendes, versé dans la caisse de l'administration de chaque district, sera employé au service des bureaux de jurisprudence charitable.

A r t. X I I.

S'il s'élève quelque contestation entre mari & femme, père & fils, grand-père & petit-fils, frères & sœurs, neveux & oncles ; ou entre alliés aux degrés ci-dessus ; comme aussi entre les pupilles & leurs tuteurs, pour choses relatives à la tutelle, les parties seront tenues de nommer des parens, ou, à leur défaut, des amis ou voisins pour arbitres, devant lesquels ils éclairciront leur différend, & qui, après les avoir entendues & avoir pris les connoissances nécessaires, rendront une décision motivée.

A r t. X I I I.

Chacune des parties nommera deux arbitres ; & si l'une
s'y refuse , l'autre pourra s'adresser au juge, qui, après
avoir constaté le refus, nommera des arbitres d'office
pour la partie refusante. Lorsque les quatre arbitres se
trouveront divisés d'opinion , ils choisiront un sur-arbitre
pour lever le partage.

A r t. X I V.

La partie qui se croira lésée par la décision arbitrale,
pourra se pourvoir par appel devant le tribunal du district,
qui prononcera en dernier ressort.

A r t. X V.

Si un père ou une mère, ou un aïeul, ou un tuteur
a des sujets de mécontentement très-graves sur la conduite
d'un enfant ou d'un pupille dont il ne puisse plus réprimer
les écarts, il pourra porter sa plainte au tribunal domestique
de la famille assemblée, au nombre de huit parens les plus
proches, ou de six au moins, s'il n'est pas possible d'en
réunir un plus grand nombre ; & à défaut de parens, il
y sera suppléé par des amis ou des voisins.

A r t. X V I.

Le tribunal de famille, après avoir vérifié les sujets
de plainte, pourra arrêter que l'enfant, s'il est âgé de moins
de vingt-un ans acccomplis , sera renfermé pendant un
temps qui ne pourra excéder celui d'une année dans les
cas les plus graves.

A r t. X V I I.

L'arrêté de la famille ne pourra être exécuté qu'après
avoir été présenté au président du tribunal de district,

qui en ordonnera ou refusera l'exécution, ou en tempérera les dispositions, après avoir entendu le commissaire du roi, chargé de vérifier, sans forme judiciaire, les motifs qui auront déterminé la famille.

TITRE XI.

Des juges en matière de police.

Voyez sur tout ce titre, le code de la police, ou code judiciaire, partie 5.

ARTICLE PREMIER.

Les corps municipaux veilleront & tiendront la main, dans l'étendue de chaque municipalité, à l'exécution des lois & des réglemens de police, & connoîtront du contentieux auquel cette exécution pourra donner lieu.

ART. II.

Le procureur de la commune poursuivra d'office, les contraventions aux lois & aux règlemens de police; & cependant chaque citoyen qui en ressentira un tort ou un danger personnel, pourra intenter l'action en son nom.

ART. III.

Les objets de police confiés à la vigilance & à l'autorité des corps municipaux, sont :

1°. Tout ce qui intéresse la sûreté & la commodité du passage dans les rues, quais, places & voies publiques : ce qui comprend le nettoiement, l'illumination, l'enlèvement des encombremens, la démolition ou la réparation des bâtimens menaçant ruine, l'interdiction de rien exposer aux fenêtres ou autres parties des bâtimens qui puisse nuire par sa chute, & celle de rien jeter qui puisse blesser ou endommager les passans, ou causer des exhalaisons nuisibles ;

2°. Le soin de réprimer & de punir les délits contre la tranquillité publique, tels que les rixes & disputes accompagnées d'ameutemens dans les rues, le tumulte excité dans les lieux d'assemblée publique, les bruits & attroupemens nocturnes qui troublent le repos des citoyens ;

3°. Le maintien du bon ordre dans les endroits où il se fait de grands rassemblemens d'hommes, tels que les foires, marchés, réjouissances & cérémonies publiques, spectacles, jeux, cafés, églises & autres lieux publics ;

4°. L'inspection sur la fidélité du débit des denrées qui se vendent au poids, à l'aune ou à la mesure, & sur la salubrité des commestibles exposés en vente publique ;

5°. Le soin de prévenir par les précautions convenables, & celui de faire cesser par la distribution des secours nécessaires, les accidens & fléaux calamiteux, tels que les incendies, les épidémies, les épizooties, en provoquant aussi dans ces deux derniers cas, l'autorité des administrations de départemens & de district ;

6°. Le soin d'obvier ou de remédier aux évènemens fâcheux qui pourroient être occasionnés par les insensés ou les furieux laissés en liberté, & par la divagation des animaux malfaisans ou féroces.

A r t. I V.

Les spectacles publics ne pourront être permis & autorisés que par les officiers municipaux. Ceux des entrepreneurs & directeurs actuels qui ont obtenu des autorisations, soit des gouverneurs des anciennes provinces, soit de toute autre manière, se pourvoiront devant les officiers municipaux, qui confirmeront leur jouissance pour le temps qui en reste à courir, à charge d'une redevance envers les pauvres.

Voyez au code de la police, ou code judiciaire, partie 5, le décret du 13 janvier 1791, sur les spectacles.

A r t. V.

Les contraventions à la police ne pourront être punies que de l'une de ces deux peines : ou de la condamnation à une amende pécuniaire, ou de l'emprisonnement par forme de correction, pour un temps qui ne pourra excéder trois jours dans les campagnes, & huit jours dans les villes, dans les cas les plus graves.

A r t. VI.

Les appels des jugemens en matière de police seront portés au tribunal du district ; & ces jugemens seront exécutés par provision, nonobstant l'appel & sans y préjudicier.

A r t. VII.

Les officiers municipaux sont spécialement chargés de dissiper les attroupemens & émeutes populaires, conformément aux dispositions de la loi martiale, & responsables de leur négligence dans cette partie de leur service.

Voyez la loi martiale, ou décret du 21 octobre 1789, dans le code criminel, ou code judiciaire, troisième partie.

T I T R E XII.

Des juges en matière de commerce.

A r t i c l e p r e m i e r.

Il sera établi un tribunal de commerce dans les villes où l'administration de département jugeant ces établissemens nécessaires, en formera la demande.

Voyez ci-dessous le décret du 27 janvier 1791, sur le tribunal de commerce de la ville de Paris.

Art. II.

Ce tribunal connoîtra de toutes les affaires de commerce, tant de terre que de mer, fans diftinction.

Sans qu'il foit befoin de paffer par le bureau de paix : **décret du 6 mars 1791, art. 18, rapporté ci-deffous.**

Art. III.

Il fera fait un règlement particulier pour déterminer d'une manière précife, l'étendue & les limites de la compétence des juges de commerce.

Art. IV.

Ces juges prononceront en dernier reffort fur toutes les demandes dont l'objet n'excédera pas la valeur de mille livres. Tous leurs jugemens feront exécutoires par provifion nonobftant l'appel, en donnant caution, à quelque fomme ou valeur que les condamnations puiffent monter.

Voyez fur les tribunaux où l'appel doit être porté, le décret du 24 mars 1791.

Art. V.

La contrainte par corps continuera d'avoir lieu pour l'exécution de tous leurs jugemens. S'il furvient des conteftations fur la validité des emprifonnemens, elles feront portées devant eux ; & les jugemens qu'ils rendront fur cet objet, feront de même exécutés par provifion nonobftant l'appel.

Art. VI.

Chaque tribunal de commerce fera compofé de cinq

juges ; ils ne pourront rendre aucun jugement, s'ils ne font au nombre de trois au moins.

Art. VII.

Les juges de commerce feront élus dans l'affemblée des négocians, banquiers, marchands, manufacturiers, armateurs & capitaines de navires de la ville où le tribunal fera établi.

Art. VIII.

Cette affemblée fera convoquée huit jours en avant par affiches & à cri public, par les juges-confuls en exercice dans les lieux où ils font actuellement établis ; &, pour la première fois, par les officiers municipaux, dans les lieux où il feroit fait un établiffement nouveau.

Art. IX.

Nul ne pourra être élu juge d'un tribunal de commerce, s'il n'a réfidé & fait le commerce au moins depuis cinq ans, dans la ville où le tribunal fera établi, & s'il n'a trente ans accomplis. Il faudra être âgé de trente-cinq ans, & avoir fait le commerce depuis dix ans, pour être préfident.

Voyez ci-deffous le décret du 9 août 1791.

Art. X.

L'élection fera faite au fcrutin individuel, & à la pluralité abfolue des fuffrages ; & lorfqu'il s'agira d'élire le préfident, l'objet fpécial de cette élection fera annoncé avant d'aller au fcrutin.

Pour l'élection du greffier, voyez le décret du 6 mars 1791, art. 39.

A r t. XI.

Les juges du tribunal de commerce feront deux ans en exercice. Le préfident fera renouvelé par une élection particulière tous les deux ans; les autres juges le feront tous les ans par moitié. La première fois, les deux juges qui auront eu le moins de voix, fortiront de fonction à l'expiration de la première année; les autres fortiront enfuite à tour d'ancienneté.

Pour l'inftallation de ces juges, voyez le décret du 6 mars 1791 , art. 39.

A r t. XII.

Les juges de commerce établis dans une des villes d'un diftrict , connoîtront des affaires de commerce dans toute l'étendue du diftrict.

A r t. XIII.

Dans les diftricts où il n'y aura pas de juges de commerce, les juges de diftrict connoîtront de toutes les matières de commerce, & les jugeront dans la même forme que les juges de commerce. Leurs jugemens feront de même fans appel jufqu'à la fomme de mille livres, exécutoires nonobftant l'appel au-deffous de mille livres en donnant caution , & produifant dans tous les cas la contrainte par corps.

Voyez la note fur l'article 2.

A r t. XIV.

Dans les affaires qui feront portées aux tribunaux de commerce , les parties auront la faculté de confentir à être jugées fans appel ; auquel cas les juges de commerce prononceront en premier & dernier reffort.

Voyez ci-deffus le titre IV, art. 6.

OBSERVATION.

OBSERVATION.

Les douze titres dont on vient de lire les articles, ne complétoient pas l'organisation judiciaire générale ; mais il devenoit urgent, pour former les tribunaux, d'exécuter les dispositions qu'ils contenoient. L'Assemblée rendit le décret composé de quatre articles que l'on va lire, que je rapporte ici à sa date, mais entre deux crochets, comme étant étranger au décret général sur l'organisation judiciaire. On trouvera ensuite les titres XIII & XIV de la loi générale.

[DÉCRET du 16 août 1790,

Accepté & sanctionné le 24,

Pour l'exécution des douze premiers titres du décret général sur l'ordre judiciaire.

L'Assemblée nationale a décrété :

ARTICLE PREMIER.

Les articles décrétés jusqu'à présent sur l'organisation judiciaire, seront présentés à l'acceptation & sanction du roi ; & il sera supplié d'en faire incessamment l'envoi aux corps administratifs, aux municipalités & aux tribunaux.

ART. II.

Aussitôt que les directoires de département les auront reçus, ils les feront publier, & les enverront sans retard aux directoires de district.

ART. III.

En chaque district, le procureur-syndic convoquera les électeurs dans la huitaine de la réception des décrets,

Code judiciaire général.　　　　　　D

& indiquera le jour pour l'élection, de manière qu'il y ait au moins huit jours francs entre le jour de la convocation & celui des assemblées des électeurs.

Art. IV.

L'Assemblée nationale se réserve de distinguer dans les articles ci-dessus, les dispositions qui sont constitutionnelles, de celles qui ne sont que réglementaires.]

Voyez p. 8 ci-dessus, l'acte constitutionnel, titre III, chap. 5. On y a exécuté la disposition de cet article.

* * *

OBSERVATION.

Il a été rendu dans l'intervalle du 16 août, date du présent décret, au 25 août & au 7 septembre, date des décrets qu'on va lire, quelques autres décrets; mais j'ai dû rapporter ici ceux des 25 août, 2 & 7 septembre, acceptés & sanctionnés le 11 septembre suivant, comme le supplément du décret du 16 août sur l'organisation de l'ordre judiciaire en général.

Le décret des 7 septembre ou des 6 & 7 septembre, porte expressément dans le procès-verbal, l'intitulé de titre XIV du décret sur l'organisation judiciaire. Il n'existe pas de décret dans le procès-verbal qui soit intitulé titre XIII; mais ce titre ne peut être formé que des dispositions du décret des 25 août & 2 septembre, sur l'éligibilité aux places de juges: dispositions correspondantes à celles du titre VI, qui est de la forme de l'élection, & indispensables pour établir d'une manière fixe l'organisation judiciaire.

Si l'on vouloit regarder comme faisant également partie du titre XIII, tous les décrets relatifs à l'ordre judiciaire, qui ont été acceptés & sanctionnés en même-temps, on comprendroit ici les décrets du 2 septembre sur le traitement & le costume des juges; mais ces objets sont sujets à trop de variations, pour les considérer comme partie intégrante de la loi générale sur l'organisation judiciaire. Je les rapporterai hors de cette loi, à leur date.

TITRE XIII.

OU

DÉCRET des 25 août & 2 septembre,

Accepté & sanctionné le 11,

Sur l'éligibilité aux places de juges.

ARTICLE PREMIER.

Les ecclésiastiques ne peuvent être élus aux places de juges, dont les fonctions font déclarées incompatibles avec leur ministère.

ART. II.

Il n'est pas néceffaire, pour être éligible aux places de juges-de-paix, & à celles de juges de tribunal de district, d'être actuellement domicilié, foit dans le canton, foit dans le district.

ART. III.

Les fujets élus qui auront accepté leur nomination, feront tenus de réfider affiduement : favoir, les juges de paix dans le canton, & les juges de district dans le lieu où le tribunal eft établi.

ART. IV.

Les membres de l'Affemblée nationale, & ceux des légiflatures fuivantes, pourront être élus aux corps administratifs & aux places de juges, lorfqu'ils ne feront pas abfens de l'Affemblée & préfens dans l'étendue du département où fe feront les élections.

D 2

Art. V.

La qualité d'*homme de loi ayant exercé pendant cinq ans* auprès des tribunaux, ne s'entend *provisoirement*, & pour la prochaine élection, que des gradués en droit qui ont été admis au serment d'avocat, & qui ont exercé cette fonction dans des siéges de justice royale ou seigneuriale, en plaidant, écrivant ou consultant. L'Assemblée nationale se réserve de statuer ultérieurement sur cette condition d'éligibilité, lorsqu'elle s'occupera de l'enseignement public.

Art. VI.

Les non-catholiques ci-devant membres des municipalités, les docteurs & licenciés ès lois de la religion protestante, pourront être élus aux places de juges, quoiqu'ils n'ayent point rempli pendant cinq ans, soit les fonctions de juges, soit celles d'hommes de loi auprès des tribunaux; & ce, pour la prochaine élection seulement, pourvu qu'ils réunissent d'ailleurs les conditions d'éligibilité.

L'Assemblée nationale n'entend encore rien préjuger par rapport aux Juifs, sur l'état desquels elle s'est réservé de prononcer.

Voyez sur les Juifs, le décret du 27 septembre 1791, dans le code des citoyens, ou lois sur l'état civil des hommes en France.

Art. VII.

Les administrateurs qui ont accepté d'être membres des directoires, procureurs-généraux-syndics, & les procureurs-syndics, ne pourront point, à la prochaine élection, être nommés aux places de juges, même en donnant leur démission. Ils ne pourront de même, être employés dans la première nomination des commissaires du roi.

Voyez ci-dessous le décret du 19 septembre 1790, concernant les présidens des administrations de département & de district.

Art. VIII.

Les procureurs & avocats du roi , & leurs substituts gradués , les juges seigneuriaux, les procureurs-fiscaux qui étoient gradués avant le 4 août 1789 , sont éligibles aux places de juges, s'ils ont exercé pendant cinq ans, soit les fonctions de leur office, soit antérieurement celles d'homme de loi , & s'ils réunissent d'ailleurs les autres conditions d'éligibilité. Il en est de même des professeurs, docteurs & aggrégés des facultés de droit , qui auront exercé leurs fonctions ou celles d'homme de loi , pendant cinq ans ; mais ils seront tenus d'opter.

Voyez l'art. 9 du titre III de cette même loi.

Art. IX.

Les parens & alliés jusqu'au degré de cousin issu de germain inclusivement, ne pourront être élus ni rester juges ensemble dans le même tribunal. Si deux parens ou alliés aux degrés ci-dessus prohibés, se trouvent élus, celui qui l'aura été le dernier, sera remplacé par le premier suppléant.

TITRE XIV.

ou

Décret des 6 & 7 septembre,

Accepté & sanctionné le 11.

De la suppression des anciens offices & tribunaux.

Article premier.

Les contribuables qui , en matière de contribution directe , se plaindront du taux de leur cotisation, s'adresseront d'abord au directoire de district, lequel prononcera sur l'avis de la municipalité qui aura fait la répartition. La partie qui se croira lésée, pourra se pourvoir ensuite au directoire de département, qui décidera en dernier ressort, sur simples mémoires & sans forme de procédure, sur la décision du directoire de district. Tous avis & décision en cette matière seront motivés.

A r t. I I.

Les actions civiles relatives à la perception des impôts indirects, seront jugées en premier & dernier ressort, également sur simples mémoires & sans frais de procédures, par les juges de district, lesquels une ou deux fois la semaine, selon le besoin du service, se formeront en bureau ouvert au public, composé d'au moins trois juges, & prononceront après avoir entendu le commissaire du roi.

Voyez ci-dessous, le décret du 9 octobre 1790 sur la connoissance provisoire de ces matières, en attendant la formation des nouveaux tribunaux.

A r t. I I I.

Les entrepreneurs des travaux publics seront tenus de se pourvoir sur les difficultés qui pourroient s'élever en interprétation ou dans l'exécution des clauses de leurs marchés, d'abord par voie de conciliation devant le directoire du district; & dans les cas où l'affaire ne pourroit être conciliée, elle sera portée au directoire de département, & décidée par lui en dernier ressort, après avoir vu l'avis motivé du directoire de district.

A r t. I V.

Les demandes & contestations sur le règlement des

indemnités dues aux particuliers, à raison des terreins pris ou fouillés pour la confection des chemins, canaux ou autres ouvrages publics, seront portées de même, par voie de conciliation, devant le directoire de district, & pourront l'être ensuite au directoire de département ; lequel les terminera en dernier ressort, conformément à l'estimation qui en sera faite par le juge-de-paix & ses assesseurs.

Art. V.

Les particuliers qui se plaindront des torts & dommages procédant du fait personnel des entrepreneurs, & non du fait de l'administration, se pourvoiront contre les entrepreneurs, d'abord devant la municipalité du lieu où les dommages auront été commis ; & ensuite devant le directoire de district, qui statuera en dernier ressort, lorsque la municipalité n'aura pu concilier l'affaire.

Art. VI.

L'administration en matière de grande voierie, appartiendra aux corps administratifs ; & la police de conservation, tant pour les grandes routes que pour les chemins vicinaux, aux juges de district.

Voyez au code de l'administration du royaume, le décret du 14 novembre 1790, sur l'étendue des dispositions de cet article.

Art. VII.

En matière d'eaux & forêts, la conservation & l'administration appartiendront aux corps qui seront indiqués incessamment ; il sera statué de plus sur la manière de faire les ventes & adjudications des bois. Les actions pour la punition & réparation des délits, seront portées devant les juges de district, qui auront aussi l'exécution des règlemens concernant les bois de particuliers & la police de la pêche ; & qui, dans tous les cas, entendront le commiſſaire du roi.

Voyez dans le code foreſtier, le décret du 2 ſeptembre 1791, ſur l'adminiſtration foreſtière, & les autres décrets ſur cette matière.

A r t. V I I I.

Tout le contentieux relatif aux tranſactions du commerce maritime, dont les amirautés connoiſſent actuellement, étant attribué aux tribunaux de commerce, il ſera pourvu au ſurplus à ce que la police de la navigation & des ports ſoit utilement adminiſtrée ; & les comités de la marine & du commerce préſenteront inceſſamment leurs vues ſur cet objet.

Voyez ci-après le décret du 9 août 1791, ſur la police de la navigation & des ports de commerce.

A r t. I X.

La compétence des juriſdictions & de la cour des monnoies, ſoit pour la police des communautés qui travaillent les matières d'or & d'argent, ſoit pour les conteſtations entre les particuliers & les orfévres, relatives au commerce de l'orfévrerie, appartiendra aux juges de diſtrict, & il ſera pourvu par une commiſſion d'officiers nommés par le roi, tant à la ſurveillançe de la fabrication des eſpèces dans les hôtels des monnoies, qu'à la décharge définitive des directeurs des monnoies.

Voyez dans le code des monnoies, le décret du 21 mai 1791 ſur l'organiſation des monnoies.

A r t. X.

Au moyen des diſpoſitions contenues dans les articles précédens, les élections, greniers à ſel, juriſdictions des traites, grueries, maîtrifes des eaux & forêts, bureaux des finances, jurifdictions & cours des monnoies, & les cours des aides demeureront fupprimées.

Voyez cependant fur les maîtrifes des eaux & forêts, ci-deffous, l'art. 15 du décret du 12 octobre 1790; & au code foreftier, le décret du 19 décembre 1790. Les juges & officiers des gabelles étoient déja fupprimés par un décret du 4 mai 1790.

A r t. X I.

Les tribunaux d'amirauté & les prévôtés de la marine fubfifteront jufqu'à ce que, conformément à l'article 8 ci-deffus, on ait pourvu à la police de la navigation & des ports, & ils ne pourront connoître que de ces objets.

Voyez ci-après, le décret du 9 août 1791.

A r t. X I I.

Au moyen de l'abolition du régime féodal, les chambres des comptes demeureront fupprimées auffitôt qu'il aura été pourvu à un nouveau régime de comptabilité.

Voyez au code de la comptabilité, le décret du 15 feptembre 1791, fur l'organifation d'un bureau de comptabilité.

A r t. X I I I.

Au moyen de la difpofition contenue en l'article 16 du titre II ci-deffus, les *commitimus* au grand & au petit fceau, les lettres de garde-gardienne, les priviléges de cléricature, de fcholarité, du fcel des châtelets de Paris, Orléans & Montpellier, des bourgeois de la ville de Paris, & de toute autre ville du royaume, & en général tous les priviléges & attributions en matière de jurifdiction; enfemble tous les tribunaux de privilège ou d'attribution : tels que les requêtes du palais & de l'hôtel,

les confervations des priviléges des univerfités, les officia-
lités, le grand confeil, la prévôté de l'hôtel, la jurifdiction prévôtale, les fiéges de la connétablie, le tribunal
des marechaux-de-France, & généralement tous les tribunaux autres que ceux établis par la préfente conftitution,
font fupprimés & abolis.

A r t. X I V.

Au moyen de la nouvelle inftitution & organifation des
tribunaux pour le fervice de la jurifdiction ordinaire, tous
ceux actuellement exiftans fous les titres de vigueries,
châtellenies, prévôtés, vicomtés, fénéchauffées, bailliages,
châtelets, préfidiaux, confeil provincial d'Artois, confeils-
fupérieurs & parlemens, & généralement tous les tribunaux
d'ancienne création, fous quelque titre & dénomination
que ce foit, demeureront fupprimés.

*Sur le renvoi des procès pendans en ces tribunaux, voyez le
décret du 12 octobre 1790, art. 4 & fuivans.*

A r t. X V.

Les officiers des parlemens tenant les chambres de vacations établies par le décret du 3 novembre dernier,
cefferont leurs fonctions, à Paris, le 15 octobre prochain;
& dans le refte du royaume, le 30 feptembre préfent
mois.

*Voyez dans le code civil, ou feconde partie du code judiciaire,
le décret du 3 novembre 1790.*

A r t. X V I.

Les mêmes jours 30 de ce mois & 15 octobre, les
officiers municipaux des lieux où les parlemens font établis, fe rendront en corps au palais, à l'heure de midi,
où le greffier de l'ancien tribunal fera tenu de fe trouver;

& après avoir fait fermer les portes des salles, greffes, archives & autres dépôts de papiers ou minutes, y feront apposer, en leur présence, le scellé par le secrétaire-greffier. Pour la sûreté des dépôts, ils requerront, en outre, du commandant, soit des gardes nationales, soit des troupes de ligne, le détachement nécessaire à la garde des portes extérieures.

Voyez dans le code civil, ou code judiciaire, deuxième partie, le décret du 19 octobre 1790 sur la levée d'une partie de ces scellés.

A r t. X V I I.

Les officiers des autres tribunaux continueront leurs fonctions jusqu'à ce que les nouveaux juges puissent entrer en activité.

Voyez pour la fixation du terme de leurs fonctions, le décret du 12 octobre 1790, art. 13 & suivans.

A r t. X V I I I.

Les titulaires des offices supprimés feront remettre au comité de judicature, les titres ou expéditions collationnées des titres nécessaires à leur liquidation & remboursement, dont le taux & le mode seront incessamment déterminés.

Voyez dans le code de la liquidation, les divers décrets relatifs à la liquidation des offices de magistrature & de judicature.

A r t. X I X.

L'Assemblée nationale décrète que les électeurs nommés par les assemblées primaires qui se tiendront tous les deux ans, lors du renouvellement des législatures, resteront électeurs pendant le cours de deux années, non-seulement pour la formation des corps administratifs, mais encore pour la nomination aux places de juges & aux offices ecclésiastiques.

Et fur le doute qui s'eft élevé à l'occafion de la prochaine formation des tribunaux, décrète en outre, conformément aux articles 1 & 2 du titre VI de l'organifation judiciaire, que les électeurs déjà nommés pour la formation des corps adminiftratifs, feront électeurs pour la prochaine formation des tribunaux.

Cet article appartient proprement au titre VI ci-deffus, qui eft de la forme des élections.

A r t. X X.

Les chancelleries établies près les cours fupérieures & les préfidiaux, enfemble l'ufage des lettres royaux qui s'y expédient, demeureront fupprimés aux époques refpectives fixées par les articles 15 & 27 ci-deffus.

A r t. X X I.

En conféquence, & à compter des mêmes époques, il fuffira dans tous les cas où lefdites lettres étoient ci-devant néceffaires, de fe pourvoir pardevant les juges compétens pour la connoiffance immédiate du fond; & l'on fe conformera pour le bénéfice d'inventaire, aux loix de chaque lieu, autres que celles qui requièrent à cet effet des lettres-royaux.

A r t. X X I I.

Quant aux chancelleries créées par l'édit du mois de juin 1771, près les fiéges royaux, il en fera provifoirement établi une près chacun des tribunaux de diftrict, à l'effet de fceller les lettres de ratification pour tout fon reffort.

A r t. X X I I I.

En conféquence, lorfque dans le reffort d'un tribunal de diftrict, il ne fe trouvera qu'une defdites chancelleries, elle fera transférée près ce tribunal.

S'il s'en trouve plusieurs, le plus ancien des conservateurs des hypothéques, & le plus ancien des greffiers expédition-naires feront, de préférence, admis à l'exercice de la chan-cellerie qui fera établie près le tribunal de district.

Dans l'un & l'autre cas, l'office de garde des sceaux fera, en vertu du préfent décret, & fans qu'il foit befoin de provifions ni de commiffions particulières, exercé gra-tuitement à tour de rôle & fuivant l'ordre du tableau, par les juges du tribunal de diftrict : le tout, fauf à fta-tuer par la fuite ce qu'il appartiendra pour le département de Paris ; & fans rien innover à l'égard des anciens ref-forts des cours fupérieures qui n'ont pas enregiftré l'édit du mois de juin 1771.

Voyez ci-deffous, le décret interprétatif du 27 janvier 1791.

A r t. XXIV.

Les contrats affujétis à l'infinuation, au fceau ou à la publication, feront auffi provifoirement infinués, fcellés & publiés près le tribunal du diftrict dans l'arrondiffement duquel les immeubles qu'ils auront pour objet feront fitués, fans avoir égard aux anciens refforts.

Décret du 25 Août 1790,

Sanctionné le 29,

Sur l'organifation des tribunaux de la ville de Paris.

L'Affemblée nationale décrète ce qui fuit :

Article premier.

Il y aura dans chacune des quarante-huit fections de la ville de Paris, & dans chacun des cantons des diftricts de Saint-Denis & Bourg-la-Reine , un juge-de-paix, & des prud'hommes-affesseurs du juge-de-paix.

A r t. I I.

Il fera furfis à la nomination des commiffaires de police dans la ville de Paris, jufqu'à ce que, par l'Affemblée nationale, il en ait été autrement ordonné.

Voyez dans le code de l'adminiftration de Paris, le décret du 21 mai 1790, tit. IV, qui les avoit établis; & le décret du 7 octobre 1790, qui a levé la fufpenfion portée au préfent article.

A r t. I I I.

Il fera établi pour la ville & le département Paris, fix tribunaux, dont les arrondiffemens feront déterminés.

A r t. I V.

Chacun de ces tribunaux fera compofé de cinq juges, auprès defquels il y aura un commiffaire du roi.

A r t. V.

Il fera nommé pour chacun de ces tribunaux, quatre fuppléans, dont deux au moins feront pris dans la ville de Paris, ou tenus de l'habiter.

A r t. V I.

Le tableau qui fervira pour déterminer le choix d'un tribunal d'appel ; aux termes de l'article 4 du titre V du décret du 16 de ce mois, fur l'organifation judiciaire, fera compofé, pour chacun des fix tribunaux ci-deffus, des cinq autres tribunaux & deux tribunaux de diftrict, les plus voifins, pris hors le département de Paris.

A r t. V I I.

L'Assemblée nationale délègue provisoirement au procureur de la commune de Paris, les fonctions de procureur-syndic, à l'effet de convoquer les assemblées primaires, tant dans les cantons de district de Saint-Denis & du Bourg-la-Reine, que dans les sections de la ville de Paris.

A r t. V I I I.

Ces assemblées se formeront & procéderont conformément aux dispositions de la section première du décret du 22 décembre dernier, relatives à la tenue des assemblées primaires.

A r t. I X.

Elles éliront les juges - de - paix & les prud'hommes-assesseurs, en la forme prescrite par l'article 3 du décret du 16 de ce mois sur l'organisation judiciaire.

A r t. X.

Elles nommeront aussi un électeur à raison de cent citoyens actifs, présens ou non présens à l'assemblée, mais ayant droit d'y voter; & se conformeront pour cette nomination aux articles 17, 18, 19 & 20 de la section première du décret du 22 septembre dernier.

A r t. X I.

Aussitôt que les électeurs seront nommés, le procureur de la commune de Paris, faisant les fonctions de procureur-syndic, convoquera dans l'arrondissement de chaque tribunal, les électeurs dépendans de ces arrondissemens, pour procéder à l'élection des juges, au scrutin individuel & à la pluralité absolue des suffrages.

Art. XII.

Toutes les dispositions contenues dans le décret du 16 de ce mois sur l'organisation judiciaire, auxquelles il n'est pas dérogé par le présent décret, sont communes à la ville & au département de Paris.

Voyez le décret du 27 janvier 1791, sur l'établissement d'un tribunal de commerce à Paris.

DÉCRET des 30, 31 août, 1er & 2 septembre 1790,

Sanctionné le 11 septembre,

Sur la fixation des traitemens des juges , des administrateurs , & des frais de service.

L'Assemblée nationale , après avoir entendu le rapport du comité de constitution , décrète ce qui suit :

Ce décret est l'exécution de l'article 2 du titre II du décret du 16 août 1790.

ARTICLE PREMIER.

Justice de paix.

Le traitement sera, dans les cantons & dans les villes au-dessous de vingt mille ames : savoir,

Pour le juge-de-paix , six cents livres...... 600tt

Pour le greffier, indépendamment du produit

des

des expéditions, suivant le tarif modéré qui en
sera fait, deux cents livres................. 200tt

Dans les villes, depuis vingt mille ames jusqu'à soixante
mille,

Pour le juge-de-paix, neuf cents livres...... 900
Pour le greffier, trois cents livres......... ... 300

Dans les villes au-dessus de soixante mille ames,

Pour le juge-de-paix, douze cents livres..... 1200
Pour le greffier, cinq cents livres.......... 500

Pour le traitement des juges-de-paix de la ville de Paris, &
de leurs greffiers, voyez le décret du 3 novembre 1790.

A r t. I I.

Tribunaux de district.

Le traitement sera, dans les villes au-dessous de vingt
mille ames : savoir,

Pour chaque juge, & pour le commissaire du roi,
dix-huit cents livres...................... 1800tt
Pour le greffier, indépendamment du produit des
expéditions, suivant le tarif modéré qui en sera fait,
six cents livres.......................... 600

Dans les villes, depuis vingt mille ames jusqu'à soixante
mille,

Pour chaque juge, & pour le commissaire du roi,
deux mille quatre cents livres............... 2400
Pour le greffier, huit cents livres.......... 800

Dans les villes au-dessus de soixante mille ames,

Pour chaque juge, & pour le commissaire du
roi, trois mille livres..................... 3000
Pour le greffier, mille livres·............ 1000
A Paris, pour chaque juge & pour chaque com-

miſſaire du roi, quatre mille livres...... 4000tt

Pour chaque greffier , treize cents trente-trois livres ſix ſols huit deniers 1333 6ß 8d

Pour le traitement des membres du tribunal de caſſation, voyez le décret du 11 février 1791.

A R T. I I I.

Directoires de diſtrict.

Le traitement ſera, dans les villes au-deſſous de vingt mille ames : ſavoir ,

Pour les quatre membres des directoires, neuf cents livres.............................. 900tt

Pour les procureurs-ſyndics, ſeize cents livres. 1600

Pour les ſecrétaires, douze cents livres....... 1200

Dans les villes depuis vingt mille ames juſqu'à ſoixante mille,

Pour les quatre membres des directoires, douze cents livres............................. 1200

Pour les procureurs-ſyndics, deux mille livres. 2000

Pour les ſecrétaires, quinze cents livres..... 1500

Dans les villes au-deſſus de ſoixante mille ames,

Pour les quatre membres des directoires, quinze cents livres............................. 1500

Pour les procureurs-ſyndics, deux mille quatre cents livres............................. 2400

Pour les ſecrétaires, dix-huit cents livres.... 1800

A R T. I V.

Directoires de département.

Le traitement ſera, dans les villes au-deſſous de vingt mille ames ; ſavoir ,

Pour les huit membres des directoires, ſeize cents livres............................. 1600

Pour les procureurs-généraux-fyndics , trois mille livres. . . . . 3000^{tt}

Pour les fecrétaires , quinze cents livres· · · · · 1500

Dans les villes depuis vingt mille ames jufqu'à foixante mille ,

Pour les huit membres des directoires, deux mille livres. 2000

Pour les procureurs-généraux-fyndics,quatre mille livres. 4000

Pour les fecrétaires, deux mille livres. 2000

Dans les villes au-deffus de foixante mille ames , & à Paris ,

Pour les huit membres des directoires, deux mille quatre cents livres. 2400

Pour les procureurs-généraux fyndics , cinq mille livres · 5000

Pour les fecrétaires , deux mille cinq cents livres. 2500

A r t. V.

Droits d'affiftance.

Il fera diftrait des divers traitemens ci-deffus , attribués aux juges , aux commiffaires du roi , & aux membres des directoires , une fomme

De trois cents livres fur un traitement de neuf cents livres ;

De quatre cent cinquante livres fur un traitement de douze cents livres ;

De fix cents livres fur les traitemens de quinze cents liv., de feize cents livres & de dix-huit cents livres ;

De neuf cents livres fur un traitement de deux mille livres ;

De douze cents livres fur un traitement de deux mille quatre cents livres.

E 2

Il fera également diftrait des traitemens des procureurs-généraux-fyndics & des procureurs-fyndics, une fomme

De trois cents livres fur un traitement de feize cents livres;

De quatre cent cinquante livres fur un traitement de deux mille livres;

De fix cents livres fur les traitemens de deux mille quatre cents livres & de trois mille livres;

De neuf cents livres fur un traitement de quatre mille livres;

De douze cents livres fur un traitement de cinq mille livres.

Ces fommes diftraites feront mifes en maffe, & diftribuées en droit d'affiftance entre les juges & le commiffaire du roi, préfens; & entre les membres des directoires & les procureurs généraux fyndics, & les procureurs-fyndics préfens: d'après le regiftre de pointe qui fera tenu par le greffier ou fecrétaire, & figné à chaque féance, tant par le préfident, que par le greffier ou fecrétaire.

Voyez ci-deffous, le décret du 3 novembre 1790. A l'égard de ce que le juge-de-paix doit perdre par le défaut d'exercice de fes fonctions, voyez le décret du 6 mars 1791, art. 14.

A r t. V I.

Mode du paiement.

Le directoire de diftrict délivrera, tous les trois mois, à chacun des juges, au commiffaire du roi & au greffier du tribunal, un mandat fur la caiffe du diftrict, du quart de la portion fixe de leur traitement, & un mandat particulier de la portion qui leur reviendra dans le produit des feuilles d'affiftance, dont le réfultat, pour chaque officier, figné du préfident & du greffier du tribunal, fera envoyé au directoire.

A r t. V I I.

Les membres des directoires, les procureurs-généraux-syndics & les procureurs - syndics toucheront , tous les trois mois, à la caisse du district, sur leurs quittances, le quart de la portion fixe de leur traitement ; & il sera délivré à chacun d'eux, par le directoire, un mandat de sa portion dans le produit des feuilles d'assistance , dont le résultat pour chacun sera constaté par le directoire assemblé.

Pour cette année 1790 seulement , les directoires de département pourront délivrer, tant pour eux-mêmes que pour les directoires de district, les mandats du montant de leurs traitemens , sur les receveurs particuliers des finances ou trésoriers des anciennes provinces.

A r t. V I I I.

Frais annuels du service.

Les directoires de district formeront un état par apperçu, des sommes auxquelles ils estimeront que leurs frais annuels de service doivent être économiquement réduits, & ils l'adresseront aux directoires de département. Ces derniers feront pareillement l'état estimatif de leurs frais de service , & l'enverront, dans le délai de deux mois, à l'Assemblée nationale, avec leurs observations sur ceux des directoires de district. Provisoirement, les directoires de département pourront disposer d'une somme de dix mille livres pour leurs frais de loyers, salaires de commis & menues dépenses de l'année ; & les directoires de district, de la somme de trois mille livres pour les mêmes emplois.

E 3

A r t. I X.

Frais de premier établiffement.

Les prochains conf ils d'adminiftration , tant de département que de diftrict, délibéreront définitivement fur le choix du lieu de leur féances, de celles du directoire, du placement de leurs bureaux & de leurs archives, fur l'évaluation des premières dépenfes de cet établiffement, qui ne pourront plus fe renouveler. Les états en feront également envoyes à l'Affemblée nationale, comme il eft dit en l'article précédent ; & provifoirement il ne pourra être employé à ces dépenfes que la fomme de 3000 liv. au plus, par chaque adminiftration de département ; & celle de 1200 liv. au plus par chaque adminiftration de diftrict.

A r t. X.

Impofition par diftrict.

Le Corps légiflatif fera impofer annuellement fur chaque diftrict les dépenfes du corps adminiftratif & du tribunal qui y feront établis. L'Affemblée nationale invite les adminiftrateurs à régler avec économie celles qui les concernent, & à fe diftinguer à l'envi par cette fimplicité patriotique qui fait la vraie décoration des élus du peuple.

D é c r e t du 2 feptembre 1790,

Sanctionné le 11,

Concernant le coftume des juges & officiers du tribunal.

Les juges étant en fonctions, porteront l'habit noir, & auront la tête couverte d'un chapeau rond, relevé par le devant, & furmonté d'un panache de plumes noires.

Les commiffaires du roi étant en fonctions, auront le même habit & le même chapeau, à la différence qu'il fera relevé en avant par un bouton & une ganfe d'or.

Le greffier étant en fonctions, fera vêtu de noir & portera le même chapeau que le juge, & fans panache.

Les huiffiers faifant le fervice de l'audience, feront vêtus de noir, porteront au cou une chaîne dorée defcendant fur la poitrine, & auront à la main une canne noire à pomme d'ivoire.

Les hommes de loi, ci-devant appelés avocats, ne devant former ni ordre ni corporation, n'auront aucun coftume particulier dans leurs fonctions.

Voyez le décret du 6 mars 1791, article 38, & le décret du 11 février 1791, fur le coftume des membres du tribunal de caffation.

DÉCRET du 19 feptembre 1790,

Sanctionné le 27,

Portant que les préfidens des adminiftrations de département & de diftrict font éligibles aux places de juges.

L'Affemblée nationale, fur les pétitions qui lui ont été préfentées en interprétation du décret du 2 feptembre, déclare que les préfidens des adminiftrations de département & de diftrict n'étant pas membres néceffaires des directoires, font éligibles aux places de juges, à la charge par eux, s'ils font élus juges & s'ils acceptent, de ne pou-

voir plus exercer dans les corps administratifs les fonctions
de préfident , & de fe réduire à celles de fimples membres
du confeil.

Le décret du 2 feptembre a été rapporté ci-devant , avec le décret
général du 16 août, dont il forme le titre XIII.

DÉCRET du 9 octobre 1790,

Sanctionné le 19,

*Qui établit dans chaque diftrict un tribunal provifoire ,
chargé de juger les affaires relatives à la perception
des impôts.*

L'Affemblée nationale décrète qu'il fera nommé par
les membres du directoire de département, & dans le
fein même du directoire, trois commiffaires pour former
un comité contentieux provifoire , lequel , jufqu'au moment où les juges de diftrict feront en activité , connoîtra,
fur la réquifition du fermier ou du redevable , après avoir
ouï le procureur-général-fyndic , du contentieux de celles
des impofitions indirectes & autres parties de fervice ou
d'adminiftration , dont la connoiffance avoit été attribuée
aux commiffaires départis ; & feront au furplus les procès
criminels relatifs aux droits dont la connoiffance appartenoit aux commiffaires départis , portés pardevant les
juges ordinaires.

DÉCRET du 12 octobre 1790,

Sanctionné le 19,

Sur l'installation des nouveaux juges des tribunaux de district ; l'exercice de leurs fonctions en matières civile & criminelle ; & le renvoi des procès qui étoient pendans aux tribunaux supprimés.

L'Assemblée nationale décrète ce qui suit :

ARTICLE PREMIER.

Les juges élus pour composer les tribunaux de district seront installés sans délai, & commenceront leur service aussitôt qu'ils auront reçu les lettres-patentes du roi ; & si le commissaire du roi près d'un tribunal n'étoit pas nommé, ou ne se présentoit pas pour prêter le serment de réception, les juges de ce tribunal commettront un gradué qui en remplira provisoirement les fonctions.

ART. II.

En attendant le prochain établissement de la procédure criminelle par jurés, les anciens tribunaux, tant qu'ils resteront en activité, ensuite les tribunaux de district, lorsqu'ils seront installés, pourront, dans toute l'étendue du royaume, & nonobstant toutes lois & coutumes locales contraires, informer, décréter, instruire & juger en matière criminelle. A cet effet les tribunaux de district commettront un gradué qui fera provisoirement les fonctions d'accusateur public, de la même manière que les anciens procureurs du roi.

ART. III.

Les tribunaux de district suivront provisoirement, en

routes matières civiles & criminelles, les formes de la procédure actuellement existantes, tant qu'il n'en aura pas été autrement ordonné.

Voyez ci-devant, le décret du 16 août 1790, titre II, art. 20; & le décret du 6 mars 1791, art. 34.

A R T I V.

Les procès civils & criminels pendans en première instance dans les tribunaux supprimés, dont le ressort se trouve divisé en plusieurs districts, continueront d'être instruits devant le tribunal du district où étoit le chef-lieu du tribunal supprimé, & y seront jugés.

A R T. V.

Les procès civils pendans aux parlemens, conseils-supérieurs, présidiaux, & autres tribunaux d'appel supprimés, seront renvoyés aux tribunaux de district qui remplacent les anciens tribunaux qui ont jugé ces procès en première instance; & les parties y procéderont conformément aux dispositions du titre V du décret du 16 août dernier, au choix d'un tribunal d'appel sur les sept qui composeront le tableau pour le tribunal substitué à celui qui a rendu le jugement : ce qui n'aura lieu toutefois que dans le cas où toutes les parties ne consentiroient pas à être jugées par les tribunaux de district établis dans les villes où étoient les présidiaux, conseils-supérieurs, parlemens, & autres tribunaux d'appel saisis de ces procès.

A R T. V I.

Les procès pendans en première instance ou par appel, dans quelques tribunaux ou devant quelques commissions extraordinaires que ce soit, en vertu de *committimus* ou autres priviléges, ou en vertu d'évocation ou attribution quelconque , seront renvoyés aux tribunaux de Nar & qui remplacent ceux qui auroient dû naturellement connoître de ces procès, soit pour y être instruits & jugés en première instance, soit pour y être procédé au choix d'un tribunal d'appel, ainsi qu'il est dit en l'article précédent.

A r t. V I I.

Seront comprises dans le précédent article, les affaires dont la connoissance a été attribuée, par les décrets de l'Assemblée nationale, à quelques-uns des anciens tribunaux dont les fonctions vont cesser : à l'exception seulement des accusations pour crime de lèse nation, attribuées au châtelet de Paris, sur lesquelles l'Assemblée nationale se réserve de prononcer ultérieurement.

L'Assemblée a effectivement prononcé, par un décret du 25 octobre 1790, qui a révoqué l'attribution faite au châtelet.

A r t. V I I I.

Les procès criminels pendans aux anciens siéges prévôtaux & présidiaux, & ceux pendans par appel aux anciens parlemens, conseils-supérieurs, & autres tribunaux d'appel, seront incessamment jugés par les tribunaux de district établis dans les villes où étoient les siéges prévôtaux & présidiaux, les parlemens, conseils-supérieurs & autres tribunaux d'appel saisis de ces procès.

A r t. I X.

L'appel des procès criminels qui seront jugés en première instance après la publication du présent décret, même de ceux qui auront été jugés antérieurement, lorsque les accusés n'auront pas été transférés aux prisons près les tribunaux d'appel, sera porté & jugé en dernier ressort, dans l'un des sept tribunaux de district, dont le ta-

bleau fera inceffamment propofé & arrêté pour le tribunal de diftrict qui aura rendu le jugement, ou qui fe
trouvera fubftitué à l'ancien tribunal qui aura jugé.

A r t. X.

Le choix d'un tribunal entre les fept qui compoferont le
tableau, appartiendra aux accufés ; & dans le cas où ils
n'auront ufé de leur droit, ce choix fera dévolu au
gradué faifant les fonctions d'*accufateur public* près le tribunal de diftrict qui aura rendu le jugement, ou qui fe
trouvera fubftitué à l'ancien tribunal qui aura jugé.

A r t. X I.

Les tribunaux de diftrict qui jugeront les appels en
matière criminelle, ne pourront prononcer qu'au nombre
de dix juges, lorfque le titre de l'accufation pourra mériter peine afflictive ; & au nombre de fept, lorfque le
titre de l'accufation pourra mériter peine infamante ; à
l'effet de quoi ils appelleront les fuppléans, & autant
de gradués qu'il en fera befoin.

A r t. X I I.

Les difpofitions du préfent décret, relatives à l'inftruction & jugement des procès criminels, n'auront lieu
que provifoirement, & jufqu'à ce que la forme du jugement par jurés foit mife en activité.

Voyez dans le code judiciaire criminel, ou troifième partie de
l'ordre judiciaire plufieurs décrets relatifs aux jugemens criminels
à prononcer en attendant l'établiffement des jurés.

A r t. X I I I.

Dans les villes où les tribunaux de diftrict vont être

installés, le conseil général de la commune notifiera, au moins quatre jours d'avance, aux officiers municipaux des autres villes & lieux du district dans lesquels il y a des tribunaux supprimés & dont les fonctions doivent cesser, le jour qui aura été fixé pour l'installation ; & la veille de ce jour, les officiers municipaux se rendront en corps aux auditoires des tribunaux supprimés, dont ils feront fermer les portes ainsi que celles des greffes, après avoir fait mettre, par leur secrétaire-greffier, le scellé sur les armoires & autres dépôts de papiers ou minutes, en leur présence & en celle de l'ancien greffier de chaque tribunal, qui sera tenu de s'y trouver.

A r t. X I V.

Dans les lieux où les papiers & minutes des greffes se trouveront déposés dans la maison du greffier, le scellé sera mis provisoirement en cette maison, sur les armoires & autres lieux de dépôts qui contiendront les papiers & minutes. Il sera ensuite dressé inventaire de ces papiers & minutes, contradictoirement avec l'ancien greffier ; & ils seront remis au greffe du tribunal du district.

A r t. X V.

Seront exceptées de la disposition de l'article 13 ci-dessus, les amirautés & les maîtrises des eaux & forêts, dont l'activité ne va cesser que pour l'exercice de la jurisdiction contentieuse seulement ; mais il sera procédé incessamment au triage des papiers & minutes de leurs greffes, en distinguant ceux qui concernent l'exercice de la jurisdiction, de ceux qui ne sont relatifs qu'aux parties d'administration confiées à ces tribunaux. Les premiers seront remis au greffe du tribunal de district, & les autres laissés à la disposition des officiers des amirautés & des maîtrises.

DÉCRET du 3 novembre 1790,

Sanctionné le 5,

Concernant le traitement des juges & commissaires du roi.

L'Assemblée nationale, après avoir entendu son comité de constitution, décrète ce qui suit :

Il sera distrait & distribué en droits d'assistance, conformément à l'article 5 du décret des 30 & 31 août, du 1er & du 2 septembre de la présente année, la moitié du traitement des juges & des commissaires du roi, qui ont plus de 2400 livres.

DÉCRET du 3 novembre 1790,

Sanctionné le 5,

Relatif aux traitemens des juges-de-paix de Paris, & des greffiers.

L'Assemblée nationale, après avoir entendu le rapport de son comité de constitution , décrète ce qui suit :

1°. Chacun des juges-de-paix de la ville de Paris aura un traitement fixe de 2400 livres, & en outre le produit du tarif modéré qui sera fait pour ses vacations à l'apposition, à la reconnoissance & à la levée des scellés.

2°. Les greffiers des juges-de-paix de la ville de Paris auront chacun un traitement fixe de 800 livres, & en outre, le produit du tarif modéré qui fera fait pour leurs vacations à l'appofition, à la reconnoiffance & à la levée des fcellés.

Voyez ci-deffous, le décret du 6 mars 1791, art. 8.

DÉCRET du 24 novembre 1790,

Sanctionné le 1er décembre fuivant,

Concernant les fept tribunaux d'appel que doit avoir chaque tribunal de diftrict.

L'Affemblée nationale, après avoir entendu le rapport du comité de conftitution, décrète que les tableaux des fept tribunaux d'appel de chaque diftrict, qui, aux termes de l'article 4 du titre V du décret fur l'organifation judiciaire, doivent être propofés par les directoires de diftrict, feront par eux adreffés, huit jours après l'inftallation de tous les tribunaux de diftrict, aux directoires de département; lefquels, après avoir vérifié que les tribunaux défignés font les plus voifins, & que l'un d'eux, au moins, eft placé dans l'étendue d'un autre département, ainfi qu'il eft ordonné, feront parvenir les tableaux à l'Affemblée nationale pour être définitivement arrêtés; & cependant, par provifion, dans les appels qui feront interjettés jufqu'à la publication du décret définitif, on fe conformera aux tableaux ainfi vérifiés par les directoires de département, fous l'obligation néanmoins de communiquer ces tableaux au miniftre de la juftice.

DÉCRET du 27 novembre 1790,

Accepté le même jour,

Sur l'organisation du tribunal de cassation.

L'Assemblée nationale, après avoir entendu le rapport du comité de constitution, décrète ce qui suit :

ARTICLE PREMIER.

Il y aura un tribunal de cassation établi auprès du Corps législatif.

Voyez sur cet article & les suivans, l'acte constitutionnel, tit. III, chap. 5, art. 19 & suivans.

ART. II.

Les fonctions du tribunal de cassation seront de prononcer sur toutes les demandes en cassation contre les jugemens rendus en dernier ressort ; de juger les demandes de renvoi d'un tribunal à un autre, pour cause de suspicion légitime, les conflits de jurisdiction & les règlemens de juges, les demandes de prise-à-partie contre un tribunal entier.

ART. III.

Il annullera toutes procédures dans lesquelles les formes auront été violées, & tout jugement qui contiendra une contravention expresse au texte de la loi.

Et jusqu'à la formation d'un code unique de lois civiles, la violation des formes de procédure prescrites sous peine de nullité, & la contravention aux lois particulières aux différentes parties de l'empire, donneront ouverture à la cassation.

Sous

Sous aucun prétexte & en aucun cas, le tribunal ne pourra connoître du fond des affaires. Après avoir cassé les procédures ou le jugement, il renverra le fond des affaires aux tribunaux qui devront en connoître, ainsi qu'il sera fixé ci-après.

Art. IV.

On ne pourra pas former la demande de cassation contre les jugemens rendus en dernier ressort par les juges-de-paix; il est interdit au tribunal de cassation d'admettre de pareilles demandes.

Art. V.

Avant que la demande en cassation ou en prise-à-partie soit mise en jugement, il sera préalablement examiné & décidé si la requête doit être admise, & la permission d'assigner accordée.

Art. VI.

A cet effet, tous les six mois le tribunal de cassation nommera vingt de ses membres pour former un bureau qui, sous le titre de bureau des requêtes, aura pour fonctions d'examiner & de juger si les requêtes en cassation ou en prise-à-partie, doivent être admises ou rejetées. Ce bureau ne pourra juger qu'au nombre de douze juges au moins.

Art. VII.

Si dans ce bureau les trois quarts des voix se réunissent pour rejeter une requête en cassation ou en prise-à-partie, elle sera définitivement rejetée. Si les trois quarts des voix se réunissent pour admettre la requête, elle sera définitivement admise : l'affaire sera mise en jugement; & le demandeur en cassation ou en prise-à-partie, sera autorisé à assigner.

Code judiciaire général. F

A r t. V I I I.

Lorsque les trois quarts des voix ne se réuniront pas pour rejeter ou admettre une requête en cassation ou prise-à-partie, la question sera portée à tout le tribunal rassemblé; & la simple majorité des voix fera décision.

A r t. I X.

Les demandes de renvoi d'un tribunal à un autre pour cause de suspicion légitime, les conflits de jurisdiction & règlemens de juges, seront portés devant le bureau des requêtes, & jugés définitivement par lui, sans frais, sur simples mémoires, par forme d'administration, & à la pluralité des voix.

A r t. X.

La section de cassation seule, & sans la réunion des membres du bureau des requêtes, prononcera sur toutes les demandes en cassation, lorsque la requête aura été admise. La section de cassation ne pourra juger qu'au nombre de quinze juges au moins. La simple majorité des voix suffira pour former la décision.

A r t. X I.

Les sections du tribunal de cassation, soit qu'elles jugent séparément, soit qu'elles se réunissent, suivant les cas spécifiés, tiendront toujours leurs séances publiquement.

A r t. X I I.

En toute affaire, les parties pourront, par elles-mêmes ou par leurs défenseurs, plaider & faire les observations qu'elles jugeront nécessaires à leur cause ou à leur demande.

A r t. X I I I.

Dans les procès qui feront jugés fur rapport, la dif-
cuffion fera précédée du rapport par un des juges, fans
qu'il énonce fon opinion. Les parties ou leurs défenfeurs
ne pourront être entendus qu'après ce rapport terminé.
Il fera libre aux juges de fe retirer en particulier pour
recueillir les opinions; ils rentreront dans la falle d'audience
pour prononcer leur jugement en public.

Cette forme fera celle de tous les autres tribunaux du
royaume, dans toutes les affaires qui y feront jugées fur
rapport.

A r t. X I V.

En matière civile, le délai pour fe pourvoir en caffation, ne fera que de trois mois du jour de la fignification du jugement à perfonne ou domicile, pour tous ceux
qui habitent en France, fans aucune diftinction quelconque; & fans que, fous aucun prétexte, il puiffe être
donné des lettres de relief de laps de temps, pour fe pourvoir
en caffation.

A r t. X V.

Le délai de trois mois ne commencera à courir que
du jour de l'inftallation du tribunal de caffation, pour
tous les jugemens antérieurs à la publication du préfent
décret, & à l'égard defquels les délais pour fe pourvoir,
d'après les anciennes ordonnances, ne feroient pas actuellement expirés.

A r t. X V I.

En matière civile, la demande en caffation n'arrêtera
pas l'exécution du jugement; & dans aucun cas & fous
aucun prétexte il ne pourra être accordé de furféance.

Sur les délais de la demande en caffation en matière criminelle,
voyez le code criminel, ou ordre judiciaire, troifième partie.

A r t. X V I I.

L'intitulé du jugement de caffation portera toujours, avec les noms des parties, l'objet de leurs demandes; & le difpofitif contiendra le texte de la loi, ou des lois, fur lefquelles la décifion fera appuyée.

A r t. X V I I I.

Aucune qualification ne fera donnée aux plaideurs dans l'intitulé des jugemens ; on n'y infcrira que leurs noms patronimiques & de famille, & celui de leurs fonctions ou de leur profeffion.

A r t. X I X.

Lorfque la caffation aura été prononcée, les parties fe retireront au greffe du tribunal dont le jugement aura été caffé, pour déterminer, dans les mêmes formes qui ont été prefcrites à l'égard des appels, le nouveau tribunal auquel elles devront comparoître ; & procéderont, favoir, les parties qui auront obtenu la caffation, comme il eft prefcrit à l'égard de l'appelant ; & les autres, comme il eft difpofé à l'égard des intimés.

Voyez les formes relatives aux appels, dans le décret du 16 août 1790, titre V.

A r t. X X.

Dans le cas où la procédure aura été caffée, elle fera recommencée, à partir du premier acte où les formes n'auront pas été obfervées ; l'affaire fera plaidée de nouveau dans fon entier, & il pourra encore y avoir lieu à la demande en caffation contre le fecond jugement.

A r t. X X I.

Dans le cas où le jugement feul aura été caffé, l'affaire

fera auffitôt portée à l'audience dans le tribunal ordinaire qui avoit d'abord connu en dernier reffort. Elle y fera plaidée fur les moyens de droit, fans aucune forme de procédure, & fans que les parties ou leurs défenfeurs puiffent plaider fur le point réglé par un premier jugement ; & fi le premier jugement eft conforme à celui qui a été caffé, il pourra encore y avoir lieu à la demande en caffation.

Ces mots : *dans le tribunal ordinaire qui avoit d'abord connu en dernier reffort*, ont été retranchés de la rédaction par un décret du 14 avril 1791.

Mais lorfque le jugement aura été caffé deux fois, & qu'un troifième tribunal aura jugé en dernier reffort de la même manière que les deux premiers, la queftion ne pourra plus être agitée au tribunal de caffation, qu'elle n'ait été foumife au Corps légiflatif, qui, en ce cas, portera un décret déclaratoire de la loi ; & lorfque ce décret aura été fanctionné par le roi, le tribunal de caffation s'y conformera dans fon jugement.

Voyez l'acte conftitutionnel, titre III, chap. 5, art. 21.

A r t. X X I I.

Tout jugement du tribunal de caffation fera imprimé & infcrit fur les regiftres du tribunal dont la décifion aura été caffée.

A r t. X X I I I.

Il y aura auprès du tribunal de caffation un commiffaire du roi, qui fera nommé par le roi, comme les commiffaires auprès des tribunaux de diftrict, & qui aura des fonctions du même genre.

Voyez le décret du 21 feptembre 1791, pour l'établiffement de deux fubftituts de ce commiffaire du roi.

A r t. X X I V.

Chaque année le tribunal de caffation fera tenu d'envoyer

à la barre de l'assemblée du Corps législatif une députation de huit de ses membres, qui lui présenteront l'état des jugemens rendus, à côté de chacun desquels sera la notice abrégée de l'affaire, & le texte de la loi qui aura décidé la cassation.

A r t. X X V.

Si le commissaire du roi auprès du tribunal de cassation apprend qu'il ait été rendu un jugement en dernier ressort, directement contraire aux loix ou aux formes de procéder, & contre lequel cependant aucune des parties n'auroit réclamé dans le délai fixé : après ce délai expiré, il en donnera connoissance au tribunal de cassation ; & s'il est prouvé que les formes ou les loix ont été violées, le jugement sera cassé, sans que les parties puissent s'en prévaloir pour éluder les dispositions de ce jugement, lequel vaudra transaction pour elles.

A r t. X X V I.

Un greffier sera établi auprès du tribunal de cassation ; il sera âgé de vingt-cinq ans au moins. Les membres du tribunal le nommeront au scrutin & à la majorité absolue des voix. Le greffier choisira des commis qui feront le service auprès des deux sections, qui prêteront serment, & dont il sera civilement responsable. Le greffier ne sera révocable que pour prévarication jugée.

A r t. X X V I I.

Chacune des sections se nommera un président tous les six mois : celui qui l'aura été, pourra être réélu. Lorsque les sections seront réunies, elles seront présidées par le plus ancien d'âge des deux présidens. Les autres membres du tribunal se placeront sans distinction & sans aucune préséance entr'eux.

Art. XXVIII.

Provisoirement, & jusqu'à ce qu'il ait été autrement statué, le règlement qui fixoit la forme de procéder au conseil des parties, sera exécuté au tribunal de cassation, à l'exception des points auxquels il est dérogé par le présent décret.

Ce règlement est du 28 juin 1738.

Art. XXIX.

L'installation du tribunal de cassation sera faite à chaque renouvellement par deux commissaires du Corps législatif, & deux commissaires du roi, qui recevront le serment individuel de tous les membres du tribunal, d'être fidèles à la nation, à la loi & au roi, & de remplir avec exactitude les fonctions qui leur sont confiées. Ce serment sera lu par l'un des commissaires du Corps législatif ; & chacun des membres du tribunal de cassation, debout dans le parquet, prononcera : Je le jure.

Art. XXX.

Le conseil des parties est supprimé, & il cessera ses fonctions le jour que le tribunal de cassation aura été installé.

Sur le renvoi des instances pendantes alors au conseil, voyez les décrets du 14 & du 27 avril 1791, dans la seconde partie du code judiciaire.

Art. XXXI.

L'office de chancelier de France est supprimé.

F 4

Forme de l'élection du tribunal de caffation.

ARTICLE PREMIER.

Les membres du tribunal de caffation ne feront élus que pour quatre ans; ils pourront être réélus. Tous les quatre ans, on procédera à l'élection du tribunal de caf-fation en entier.

ART. II.

Les départemens de France concourront fucceffivement par moitié, à l'élection des membres du tribunal de caf-fation.

ART. III.

Pour la première élection, on tirera au fort, dans une des féances de l'Affemblée nationale, les quarante deux départemens qui devront élire chacun d'eux un fujet pour remplir une place dans le tribunal. A la feconde élection les quarante-un autres départemens exerceront leur droit d'élire, & ainfi fucceffivement.

Voyez le décret du 28 janvier 1791, qui détermine l'ordre felon lequel les départemens procéderont à l'élection des membres du tribunal de caffation.

ART. IV.

Huit jours après la publication du préfent décret, les électeurs de chacun des départemens qui auront été défi-gnés par le fort pour nommer cette fois les membres du tribunal de caffation, fe raffembleront, & éliront le fujet qu'ils croiront le plus propre à remplir une place dans ce tribunal.

ART. V.

L'élection ne pourra être faite qu'à la majorité abfolue des fuffrages. Si les deux premiers fcrutins ne produifent pas cette majorité, au troifième fcrutin les électeurs ne voteront que fur les deux fujets qui auront réuni le plus de voix au second ; & en cas d'égalité de suffrages, le plus ancien d'âge sera élu.

A r t. V I.

Pour être éligible lors des trois premières élections, il faudra avoir trente ans accomplis, & avoir, pendant dix ans, exercé les fonctions de juge dans une cour supérieure ou présidial, sénéchaussée ou bailliage, ou avoir rempli les fonctions d'homme de loi pendant le même temps, sans qu'on puisse comprendre au nombre des éligibles les juges non gradués des tribunaux d'exception. Lors des élections suivantes, il faudra, pour être éligible, avoir exercé pendant dix ans les fonctions de juge ou d'homme de loi dans un tribunal de district : l'Assemblée nationale se réservant de déterminer par la suite les autres qualités qui pourront rendre éligible.

A r t. V I I.

Les électeurs de chacun des départemens qui nommeront les membres du tribunal de cassation, éliront en même temps, au scrutin & à la majorité absolue, un suppléant ayant les qualités ci-dessus fixées pour être éligible, lequel sera appelé, & remplacera le sujet élu par le même département que lui, lorsque la place viendra à vaquer. A l'époque du renouvellement de quatre ans en quatre ans, quelque peu de durée qu'ait eu l'exercice des suppléans, ils cesseront leurs fonctions comme l'eussent fait les juges qu'ils auront remplacés ; & comme eux, ils pourront être réélus.

A r t. V I I I.

Le président de l'Assemblée nationale présentera dans le jour, le présent décret à l'acceptation du roi.

Voyez comme complément de ce décret, celui du 11 février 1791, sur le traitement & le costume des membres du tribunal de cassation ; celui du 13 mars sur le lieu de ses séances ; & celui du 14 avril, sur son installation.

Décret du premier décembre 1790,

Sanctionné le 10,

Pour mettre en activité les juges-de-paix.

L'Assemblée nationale, après avoir entendu le rapport de son comité de constitution, décrète ce qui suit :

1°. Dans les lieux où les juges-de-paix sont élus, & les tribunaux non installés, les juges-de-paix commenceront leurs fonctions après avoir prêté le serment prescrit par l'article 6 du titre VII du décret du 12 août dernier, à la charge de faire déposer au greffe des tribunaux de district le procès-verbal de leur nomination, lorsque les tribunaux de district seront installés.

2°. Dans les lieux où les tribunaux de district sont installés, & où les juges-de-paix ne sont pas nommés, les tribunaux de district connoîtront des affaires de la compétence des juges-de-paix, tant que ceux-ci ne seront pas en activité.

Décret du 8 décembre 1790,

Sanctionné le 12,

Sur les patrons pêcheurs de Marseille, & autres ports français de la Méditerranée.

L'Assemblée nationale, s'étant fait rendre compte des pétitions & mémoires des patrons pêcheurs de Marseille & autres pêcheurs étrangers, établis dans cette ville & autres ports français de la méditerranée, ouï ses comités de marine, de commerce & diplomatique, a décrété ce qui fuit :

Ce décret comprend plufieurs difpofitions étrangères à l'ordre judiciaire ; il en comprend d'autres individuelles & particulières : cependant il a été indifpenfable de le rapporter à caufe des difpofitions générales contenues dans les articles 2 & 9, étendues encore par le décret du 9 janvier 1791 qui fera rapporté ci-après. Il a fallu le tranfcrire en entier, parce que fa forme ne fe prêtoit pas à un fimple extrait.

ARTICLE PREMIER.

Toutes les lois, ftatuts & règlemens fur la police & les procédés de la pêche, particulièrement les règlemens fur les faits & procédés de la pêche en ufage à Marfeille, autres que ceux du 29 décembre 1786, & du 9 mars 1787, feront provifoir ment exécutés : l'Affemblée fe réfervant, après la révifion defdites lois, ftatuts & règlemens, de former un nouveau code des pêches. Et attendu qu'on a renouvelé fur les côtes de Provence & de Languedoc un procédé de pêche anciennement profcrit, & fenfiblement préjudiciable à l'induftrie des pêcheurs, & à la reproduction du poiffon, ledit procédé connu fous le nom de la *pêche au bœuf*, l'Affemblée nationale confirme les défenfes prononcées par les préédentes lois, fous les peines y portées.

ART. II.

Les pêcheurs catalans continueront à jouir, d'après les conventions fubfiftantes entre la France & l'Efpagne, de la faculté de pêcher fur les côtes de France, & de vendre leurs poiffons dans les ports où ils aborderont, en fe conformant aux lois & règlemens qui régiffent les pêcheurs nationaux. En conféquence, lefdits pêcheurs catalans & autres étrangers domiciliés ou ftationnaires à Marfeille & fur les côtes de Provence, feront foumis, comme les nationaux, à la jurifdiction des prud'hommes dans les lieux où il y en a d'établis, (celle de Marseille est maintenue) & obligés de se faire inscrire au bureau des classes, où il leur sera délivré un rôle d'équipage contenant le nombre d'hommes dont sera armé chaque bateau pêcheur. Ceux sous pavillon français pourront être composés par moitié d'étrangers ; & ceux sous pavillon d'Espagne, pourront aussi être composés par moitié de français.

A r t. I I I.

Seront également soumis les pêcheurs catalans & autres étrangers, comme les nationaux, au paiement de la contribution dite de la *demi-part*, lorsqu'ils viendront vendre leurs poissons dans les marchés français.

A r t. I V.

La parité de charges & d'obligations entre les nationaux & les catalans, assurant aux uns comme aux autres une partie des droits dans l'exercice de leur profession, les pêcheurs catalans domiciliés à Marseille, jouiront en commun, pour l'étendage de leurs filets, des terreins appartenans à la communauté des pêcheurs, seront appelés à ses assemblées & délibérations, & pourront être élus prud'hommes aux mêmes titres & conditions que les nationaux.

A r t. V.

Les assemblées de la communauté des pêcheurs, pour toutes les élections & pour la reddition des comptes de recette & dépense de la communauté, seront tenues en présence d'un officier municipal & du procureur de la commune, ou de son substitut, lequel aura le droit de requérir ce qu'il avisera pour constater l'authenticité des comptes, & parvenir à la liquidation des dettes de la communauté.

A r t. V I.

Les délibérations de ladite communauté pour l'adminiftration des revenus, & les conteftations qui furvien-
droient fur le fait des élections, feront foumifes à la
décifion du directoire du diftrict, & en dernière inftance,
à celle du directoire du département.

A r t. V I I.

Tous les patrons pêcheurs, propriétaires d'un bateau
monté de quatre hommes au moins, le patron & le
mouffe compris, ne pourront être foumis à aucun fervice
public hors de l'enceinte du port & de la rade qu'ils habitent.

A r t. V I I I.

Le roi fera prié de donner fes ordres au miniftre des
affaires étrangères, pour concerter avec la cour d'Efpagne,
les moyens d'attacher au fervice de l'une & l'autre nation
les gens de mer français & efpagnols, domiciliés ou
ftationnaires fur les côtes de France & d'Efpagne.

A r t. I X.

L'Affemblée nationale, prenant en confidération la
pétition de la ville de Caffis, pour le rétabliffement dans
fon port, de la jurifdiction des prud'hommes dont elle
jouiffoit anciennement, décrète que ladite jurifdiction y
fera rétablie, & qu'il fera accordé, fur les côtes de la
méditerranée, de pareils établiffemens à tous les ports
qui en feront préfenter la demande par les municipalités
& corps adminiftratifs des lieux.

Voyez le décret du 9 janvier, qui fuit immédiatement.

D É C R E T du 9 janvier 1791,

Sanctionné le 19,

Concernant les jurisdictions de prud'hommes pêcheurs.

L'Assemblée nationale, en conséquence de son décret du 8 décembre dernier, par lequel la jurisdiction des prud'hommes de Marseille est confirmée définitivement, décrète qu'elle a entendu donner la même stabilité aux jurisdictions de prud'hommes ci-devant établies, & particulièrement à celle des patrons-pêcheurs de Toulon.

Le décret du 8 décembre est celui qui précède immédiatement.

D É C R E T du 25 janvier 1791,

Sanctionné le 30,

Portant que les fonctions de maire, officiers municipaux & procureurs de la commune, sont incompatibles avec celles des juges-de-paix & de leurs greffiers.

L'Assemblée nationale décrète que les fonctions de maire, officiers municipaux & procureurs de la commune sont incompatibles avec celles des juges - de - paix & de leurs greffiers ; & que ceux qui auroient été élus à ces places seront tenus d'opter dans les trois jours de la publication du présent décret.

DÉCRET du 27 janvier 1791,

Sanctionné le 4 février suivant,

Portant qu'il sera établi un tribunal de commerce dans la ville de Paris.

L'Assemblée nationale, après avoir entendu son comité de constitution, décrète ce qui suit :

ARTICLE PREMIER.

Il y aura dans la ville de Paris un tribunal de commerce, lequel sera composé de cinq juges, y compris le président, & de quatre suppléans.

ART. II.

L'élection se fera au scrutin individuel & à la majorité absolue des suffrages, par des électeurs nommés dans les assemblées des négocians, banquiers, marchands, fabricans, & manufacturiers de chacune des quarante-huit sections.

Voyez le décret du 9 août 1791, en faveur des anciens négocians & banquiers.

ART. III.

Chacune de ces assemblées se tiendra au lieu ordinaire de l'Assemblée de la section. Elle sera ouverte par un commissaire que nommera la municipalité, sur l'avis des juges de commerce en exercice ; & après l'élection d'un président, d'un secrétaire & de trois scrutateurs, dans la forme décrétée à l'égard des assemblées primaires. Il sera procédé à la nomination d'un électeur par vingt-cinq citoyens présens, ayant le droit de voter.

A r t. I V.

Nul ne pourra être admis s'il ne juſtifie, 1°. qu'il eſt citoyen actif ; 2°. qu'il habite la ſection ; 3°. qu'il fait le commerce, au moins depuis un an, dans la ville de Paris.

A r t. V.

Chaque aſſemblée ſera juge de la validité des titres de ceux qui demanderont à prendre part à la nomination des électeurs, ſauf à recourir à l'adminiſtration du département de Paris, laquelle jugera, pour les élections ſuivantes, les réclamations de tout citoyen qui ſe plaindroit d'avoir été privé de ſes droits.

A r t. V I.

On choiſira les électeurs en un ſeul ſcrutin de liſte ſimple, & à la pluralité abſolue des ſuffrages ; mais au troiſième tour, la pluralité relative ſera ſuffiſante.

A r t. V I I.

Les quarante-huit aſſemblées des négocians, banquiers, marchands, fabricans & manufacturiers, ſeront convoquées pour le même jour & à la même heure, par le procureur de la commune de Paris faiſant fonctions de procureur-général-ſyndic, lequel ſe concertera ſur cet objet avec les juges de commerce en exercice.

A r t. V I I I.

La municipalité de Paris déterminera le lieu où ſe raſſembleront les électeurs, pour procéder à la nomination des juges de commerce & de leurs ſuppléans.

A r t.

Art. IX.

Les élections qui fuivront la première, auront lieu dans le courant du mois de juin, de manière que les juges qui feront élus à cette époque, puiffent entrer en exercice à la première audience du mois de juillet.

Art. X.

Le temps qui s'écoulera depuis l'époque de la première élection, jufqu'au mois de juillet, ne fera point compté pour l'exercice des juges.

Art. XI.

Les juges-confuls refteront en exercice jufqu'à l'inftallation des nouveaux.

Décret du 27 janvier 1791,

Sanctionné le 4 février fuivant,

Interprétatif de quelques articles du titre XIV du décret du 16 août 1790, relativement aux chancelleries des hypothèques, & aux actes affujétis à l'infinuation.

L'Affemblée nationale, après avoir entendu le rapport de fon comité de conftitution fur les difficultés & les doutes qu'ont fait naître les articles 22, 23 & 24 du décret des 6 & 7 feptembre dernier concernant l'organifation judiciaire, fanctionné par la proclamation du roi du 11 du même mois, décrète ce qui fuit :

Le décret daté ici des 6 & 7 feptembre, forme le titre XIV du décret général du 16 août 1790.

Code judiciaire général.   G

ARTICLE PREMIER.

La disposition dudit décret par laquelle les plus anciens d'entre les conservateurs des hypothèques & greffiers-expéditionnaires des chancelleries des anciennes jurisdictions royales, sont appelés, dans les cas y mentionnés, à exercer de préférence les chancelleries établies près les tribunaux de district, ne pouvant s'entendre que de ceux desdits conservateurs ou greffiers qui seroient en titre d'office, les administrateurs des droits d'hypothèques demeurent libres de choisir, ainsi qu'ils jugeront à propos, entre ceux qui ne sont pourvus que de simples commissions, sans être astreints au rang d'ancienneté.

ART. II.

Il ne pourra, à compter de la publication du présent décret, être scellé aucune lettre de ratification dans les tribunaux de district, que quatre mois après cette époque, pendant lequel temps les créanciers qui auront fait signifier des oppositions ou de nouvelles élections de domiciles ou autres actes, entre les mains des conservateurs établis près des ci-devant bailliages, sénéchaussées, ou autres jurisdictions royales, seront tenus de les renouveler : savoir, pour lés immeubles réels, entre les mains du conservateur établi près le tribunal du district de leur situation ; & pour les immeubles fictifs, entre les mains du conservateur établi près le tribunal du district du domicile du débiteur : le tout sans payer aucun droit d'enregistrement, en justifiant de l'opposition formée depuis trois ans au bailliage, sénéchaussée ou jurisdiction royale.

ART. III.

Ne pourront néanmoins les oppositions ainsi renouvelées gratuitement, durer au-delà du temps que devoient durer les oppofitions formées depuis trois ans aux bailliages, fénéchauffées ou autres jurifdictions royales fupprimées : à l'effet de quoi il fera fait mention de la date de ces dernières par le confervateur des hypothèques, tant dans l'enregiftrement qu'il fera des nouvelles, que dans les originaux de celles-ci, dans les *vifa* dont ils feront par lui revêtus, & dans les certificats qui en feront délivrés.

Art. IV.

Les acquéreurs qui auront fait expofer leurs contrats d'acquifition en l'auditoire du ci-devant bailliage, fénéchauffée, ou jurifdiction royale de la fituation des immeubles réels, & du domicile du vendeur, pour les immeubles fictifs, fans avoir obtenu de lettres de ratification ; enfemble ceux dont les contrats fe trouvoient expofés lorfque les tribunaux de diftrict font entrés en activité, feront tenus, fi fait n'a été, d'en faire un nouveau dépôt au greffe du tribunal de diftrict, pour l'extrait en être expofé pendant deux mois au tableau de l'auditoire.

Art. V.

Les regiftres, minutes, & autres actes exiftans dans les chancelleries des bailliages, fénéchauffées, ou autres jurifdictions royales, dans les lieux où il n'y a pas actuellement de tribunaux de diftrict, feront dépofés à la chancellerie du tribunal de diftrict de l'arrondiffement dans lequel exiftoient lefdits bailliages, fénéchauffées ou jurifdictions royales, après inventaire fait entre le confervateur de la chancellerie où doit s'en faire le dépôt, & le commiffaire du roi du tribunal près lequel exifte cette chancellerie ; & il fera remis une expédition de cet inventaire au fecrétariat de la municipalité du lieu d'où lefdits regiftres, minutes & autres actes, auront été transférés.

G 2

A r t. VI.

Les droits ci-devant attribués à l'office de garde-des-
sceaux desdites chancelleries, seront provisoirement perçus
au profit du tréfor public; & il en sera rendu compte
avec les autres droits des hypothèques.

A r t. VII.

L'Assemblée nationale déclare que par la disposition
de l'article 24 du décret ci-dessus, concernant l'insinuation, elle n'a entendu déroger à la déclaration du 17 février
1731, ni à l'ordonnance du même mois, ni aux autres lois
de la même nature. En conséquence, les actes assujétis par
ces lois à l'insinuation, continueront d'être insinués suivant les règles qu'elles ont établies, soit aux greffes des
tribunaux de district de la situation des immeubles, soit
dans ceux du domicile des donateurs:

Sans néanmoins qu'on puisse arguer de nullité les insi-
nuations qui, depuis la publication dudit décret jusqu'à
celle du présent, auroient pu être faites par une interprétation erronée dudit article 24, dans les bureaux des lieux
où il n'existoit ci-devant que des justices seigneuriales, où
sont actuellement établis des tribunaux de district.

Seront également observées pour la publication judiciaire des actes qui sont soumis à cette formalité, les
distinctions établies par les anciennes lois entre les tribunaux de la situation des biens, & les tribunaux domi-
ciliaires.

DÉCRET du 28 janvier 1791,

Sanctionné le même jour,

Relatif à l'élection des membres de la cour de caſſation.

L'Aſſemblée nationale décrète que les électeurs des départemens

1	Des Deux-Sèvres,	22	Du Morbihan,
2	Du Lot,	23	De l'Oiſe,
3	Du Cantal,	24	De la Côte-d'Or,
4	De la Gironde,	25	De l'Aube,
5	De l'Eure-&-Loire,	26	Du Calvados,
6	De l'Aude,	27	Du Pas-de-Calais,
7	Du Finiſtère,	28	De la Dordogne,
8	Du Doubs,	29	Des Hautes-Pyrénées,
9	De l'Eure,	30	De Seine-&-Oiſe,
10	Des Ardennes,	31	Des Hautes-Alpes,
11	Du Gard,	32	De l'Ain,
12	De Saone-&-Loire,	33	De la Meurthe,
13	De la Creuſe,	34	De la Meuſe,
14	De l'Aiſne,	35	Des Baſſes-Alpes,
15	Des Bouches du-Rhône,	36	De la Drôme,
16	De la Vienne,	37	De Rhône-&-Loire,
17	Du Bas-Rhin,	38	De la Manche,
18	De Seine-&-Marne,	39	De l'Allier,
19	De la Seine-inférieure,	40	De la Moſelle,
20	De l'Isère,	41	De la Haute-Saone,
21	De l'Aveiron,	42	De la Marne,

procéderont, pour cette fois, à l'élection des membres qui compoſeront le tribunal de caſſation, conformément aux décrets rendus pour la formation de ce tribunal;

Décrète en conféquence, que les électeurs des ſuſdits départemens ſe raſſembleront auſſitôt après la publication du préfent décret, pour procéder à l'élection ; & que les électeurs qui fe trouveront raffemblés pour l'exécution des décrets de l'Affemblée nationale, procéderont à l'élection des membres du tribunal de caffation, quoiqu'ils n'aient pas été fpécialement convoqués à cet effet ;

Décrète que le préfident de l'Affemblée nationale fe retirera dans le jour auprès du roi, pour en demander la fanction.

Voyez le décret du 27 novembre 1790, fur l'organifation du tribunal de caffation, au titre de la forme de l'élection du tribunal.

DÉCRET des 15, 16, 17, 18 décembre 1790, & 29 janvier 1791,

Sanctionné le 20 mars fuivant,

Concernant la fuppreffion des offices miniftériels, & l'établiffement des avoués.

L'Affemblée nationale décrète ce qui fuit :

ARTICLE PREMIER.

La vénalité & l'hérédité des offices miniftériels auprès des tribunaux pour le contentieux, font fupprimées.

ART. II.

Le miniftère des officiers publics fera néceffaire pour les citations, fignifications & exécutions.

ART. III.

Il y aura auprès des tribunaux de diftrict, des officiers

miniftériels ou avoués , dont la fonction fera excluſive-
ment de repréſenter les parties ; d'être chargés & reſpon-
fables des pièces & titres des parties ; de faire les actes
de forme , néceſſaires pour la régularité de la procédure
& mettre l'affaire en état. Ces avoués pourront même
défendre les parties , foit verbalement , foit par écrit ,
pourvu qu'ils y foient expreſſément autoriſés par les parties , leſquelles auront toujours le droit de ſe défendre
elles-mêmes verbalement & par écrit , ou d'employer le
miniftère d'un défenſeur officieux , pour leur défenſe , foit
verbale , foit par écrit.

A r t. I V.

Les ci-devant juges des cours ſupérieures & ſiéges
royaux , les avocats & procureurs du roi , leurs ſubftituts,
les juges & procureurs-fiſcaux des ci-devant juſtices ſeigneuriales , gradués avant le 4 août 1789, les ci-devant procureurs des parlemens , cours des aides , conſeils-ſupé-
rieurs , préſidiaux , bailliages , & autres ſiéges royaux ſupprimés , les ci-devant avocats inſcrits ſur les tableaux dans
les lieux où ils étoient en uſage , ou exerçant publiquement près les ſiéges ci-deſſus déſignés , feront admis de
droit à remplir près des tribunaux de diftrict où ils jugeront à propos de ſe fixer , les fonctions d'avoués , en ſe
faifant préalablement inſcrire au greffe defdits tribunaux.

A r t. V.

Les juges , avocats & procureurs-fiſcaux des ci-devant
juſtices ſeigneuriales reſſortiſſant nuement aux cours ſupérieures , les avocats gradués avant le 4 août 1789 , &
les procureurs en titre d'office ou en vertu de proviſions ,
ayant exercé près defdites juſtices , feront admis à remplir les fonctions d'avoués près des nouveaux tribunaux.

G 4

Art. VI.

Les avocats reçus dans les ci-devant cours & siéges royaux avant le 4 août 1789 ;

Ceux qui ont été reçus après cette époque, en vertu de grades obtenus sans bénéfice d'âge, ni dispense d'âge ni d'étude ;

Les premiers clercs de procureurs dans les cours & siéges royaux, qui sont majeurs de vingt-cinq ans, & qui ont travaillé pendant cinq ans chez un ci-devant procureur, & ceux qui étant licenciés en droit avant le 4 août 1789, ou l'étant devenus depuis, sans bénéfice d'âge, sans dispense d'âge ni d'étude, ont achevé cinq années de cléricature, seront admis à la fonction d'avoués, en s'inscrivant au greffe des tribunaux.

Art. VII.

Les anciens procureurs de jurisdictions seigneuriales établies dans les villes où des tribunaux de district sont maintenant fixes, seront reçus comme avoués auprès desdits tribunaux.

Art. VIII.

Tous ceux qui sont admis à s'inscrire au greffe des tribunaux en qualité d'avoués, ne pourront en remplir les fonctions qu'après avoir prêté, devant ces tribunaux, le serment civique, & celui de remplir leurs fonctions avec exactitude & fidélité.

Art. IX.

Les avoués seront tenus de fixer leur domicile dans le lieu où sera situé le tribunal de district, au greffe duquel ils se feront fait inscrire. Aucun avoué ne pourra exercer ses fonctions en même-temps dans plusieurs tribunaux de district, à moins qu'ils ne soient établis dans la même ville.

'A r t. X.

L'Assemblée nationale se réserve de déterminer les règles d'après lesquelles les citoyens pourront être par la suite, admis aux fonctions d'avoués.

A r t. X I.

Les huissiers-priseurs de Paris, & les huissiers en la prévôté de l'hôtel, continueront provisoirement leurs fonctions jusqu'à ce que l'Assemblée nationale ait statué à leur égard ; néanmoins les huissiers-priseu s ne pourront exercer leurs fonctions que dans l'étendue du département de Paris, tous droits de suite demeurant dès-à-présent supprimés.

A r t. X I I.

Pourront les huissiers qui seront attachés aux tribunaux de district établis dans la ville de Paris, exercer leurs fonctions dans l'étendue du département de Paris.

A r t. X I I I.

Tous les autres huissiers ou sergens royaux, même ceux des ci-devant justices seigneuriales ressortissant immédiatement aux parlemens & cours supérieures supprimés, pourront, en vertu de leurs anciennes immatricules & sans avoir égard aux priviléges & attributions de leurs offices, qui demeurent abolis, continuer d'exercer, concurremment entre eux, leurs fonctions dans le ressort des tribunaux de district qui auront remplacé celui dans lequel ils étoient immatriculés, & même dans l'étendue de tous les tribunaux de district, dont les chefs-lieux seront établis dans le territoire qui composoit l'ancien ressort des tribunaux supprimés.

A R T. X I V.

Tous les officiers ministériels supprimés sont autorisés à poursuivre leurs recouvremens, en quelque lieu que les parties soient domiciliées, pardevant le tribunal de district, dans le ressort duquel étoit établi le chef-lieu de l'ancien tribunal où ces officiers exerçoient leurs fonctions.

A R T. X V.

Les liquidations, règlemens & taxes de dépens, en exécution d'arrêts & de jugemens définitifs rendus par les ci-devant parlemens & autres tribunaux supprimés, seront faits suivant les règlemens, & portés devant les juges de district établis dans les lieux où résidoient les anciens tribunaux qui ont jugé en dernier ressort.

Voyez plusieurs dispositions sur les avoués, dans le décret du 6 mars 1791, relatif au nouvel ordre judiciaire; le décret du 14 avril 1791 sur la suppression des avocats au conseil, & l'établissement d'avoués près le tribunal de cassation.

Quant aux lois sur le remboursement des offices ministériels, voyez-les au code de la liquidation.

DÉCRET du 11 février 1791,

Sanctionné le 18 du même mois,

Relatif au traitement & au costume des membres du tribunal de cassation.

L'Assemblée nationale décrète ce qui suit :

ARTICLE PREMIER.

Le traitement de chacun des membres du tribunal de cassation & du commissaire du roi, sera de 8,000 liv., dont la moitié sera distribuée en droits de présence. Il sera, en conséquence, tenu un registre de pointe par le greffier, lequel sera signé à chaque séance, tant par lui que par le président.

Voyez pour l'établissement & le traitement des deux substituts du commissaire du roi, le décret du 21 septembre 1791.

ART. II.

Tous les trois mois il sera délivré à chacun des membres & au commissaire du roi, un certificat de la portion qui leur reviendra dans le produit des feuilles d'assistance. Le trésor public acquittera sur ces certificats ce qui reviendra à chacun des membres du tribunal ; il acquittera, aux mêmes époques, de trois en trois mois, le quart de la portion fixe du traitement.

ART. III.

Le greffier aura le tiers du traitement des juges, & les taxations qui lui seront allouées pour ses expéditions.

A r t. IV.

Les membres du tribunal de caffation porteront, feulement lorfqu'ils feront en fonctions, l'habit noir, le manteau de drap ou de foie noire, les paremens du manteau de la même couleur, & un ruban en fautoir aux trois couleurs de la nation, au bout duquel fera attachée une médaille dorée, fur laquelle feront écrits ces mots : *la loi.* Ils auront la tête couverte d'un chapeau rond, relevé fur le devant, & furmonté d'un panache de plumes noires.

Ce coftume fera déformais celui de tous les juges de diftrict & des tribunaux criminels.

Pour e coftume des juges-de-paix, voyez l'article 12 du décret du 6 mars 1791.

A r t. V.

Le coftume des commiffaires du roi fera le même, à la différence que les commiffaires du roi auront un chapeau relevé avec une ganfe & un bouton d'or; & que fur la médaille qu'ils porteront, feront écrits ces mots : *la loi & le roi.*

A r t. V I.

Les greffiers auront un chapeau rond, relevé fur le devant & fans panache , & un manteau pareil à celui des juges.

A r t. V I I.

Ceux qui feront nommés par les électeurs des départemens pour être membres du tribunal de caffation, fe rendront à Paris le premier avril prochain.

Voyez pour l'établiffement du lieu des féances de ce tribunal, le décret du 13 mars 1791; & pour fon inftallation, celui du 14 avril fuivant.

DÉCRET du 6 mars 1791,

Sanctionné le 27,

Relatif au nouvel ordre judiciaire.

L'Assemblée nationale décrète ce qui suit :

ARTICLE PREMIER.

Nul ne pourra être juge-de-paix, & en même-temps officier municipal, membre d'un directoire, greffier, avoue, huissier, juge de district, juge de commerce, percepteur d'impôts indirects.

ART. II.

Les assesseurs des juges-de-paix sont exclus des mêmes fonctions, si ce n'est que dans les bourgs & villages au-dessous de quatre mille ames, il leur sera permis d'être officiers municipaux. Ils ne peuvent être parens du juge-de-paix au degré de cousins germains inclusivement; & s'ils sont parens entre eux à ce degré, ils ne jugeront point ensemble sans le consentement de toutes les parties.

ART. III.

La première fois que les assesseurs assisteront le juge-de-paix, ils prêteront dans ses mains le même serment prêté par lui devant le conseil-général de la commune ; & il en sera dressé acte.

Voyez le décret du 16 août 1790, tit. VII, art. 6.

ART. IV.

Le juge-de-paix sera tenu de nommer un greffier, lequel ne pourra être son parent jusqu'au troisième degré, selon la supputation civile, c'est à-dire, jusqu'au troisième degré d'oncle & de neveu inclusivement.

Voyez ci-dessous l'article 31.

A R T. V.

Les greffiers des juges-de-paix ne pourront être en même-temps officiers municipaux, membres d'un directoire, greffiers, avoués, huissiers, juges de district, juges de commerce, percepteurs d'impôts indirects. Il en sera de même des greffiers des tribunaux de district ou de commerce, qui, en outre, ne pourront pas être notaires.

A R T. V I.

Si le greffier de la municipalité de campagne refuse de signifier les citations, actes & jugemens du juge-de-paix, il sera destitué de sa place ; & l'huissier qui le remplacera pour les significations, ne recevra, à peine de concussion, que les droits attribués au greffier, si la signification est faite dans la municipalité du domicile de l'huissier : mais, en outre, en cas de transport, il recevra douze sous par lieue, sans qu'il puisse jamais être mis à la charge de la partie condamnée, plus que les frais de deux lieues de transport, le retour compris.

A R T. V I I.

Les juges-de-paix procéderont d'office à l'apposition des scellés, après l'ouverture des successions, lorsque les héritiers seront absens & non représentés, ou mineurs non émancipés, ou n'ayant pas de tuteurs ; & ils passeront outre nonobstant les oppositions, dont ils renverront le jugement au tribunal de district. Chaque juge-de-paix apposera les scellés dans l'étendue de son territoire, & ne pourra pas, par suite, les apposer dans un autre territoire.

Art. VIII.

L'appofition des fcellés étant un acte purement minif-
tériel & confervatoire, il fera alloué au juge-de-paix deux
livres pour une vacation de trois heures, & vingt fous pour
toutes les vacations fuivantes, de manière qu'une appofition de fcellés ne coûte pas plus de trois livres. Le greffier
aura les deux tiers de la fomme attribuée au juge. Les
droits feront d'une moitié en fus dans les villes au-deffus
de vingt-cinq mille ames, & du donble pour Paris. Il
en fera de même pour les vacations de reconnoiffance &
levée des fcellés, & pour celles employées aux avis de
parens : le tout indépendamment des droits d'expédition
du greffe.

Art. IX.

Dans les cas qui n'excéderont pas fa compétence, le
juge-de-paix connoîtra des conteftations qui pourront s'é-
lever entre père & fils, grand-père & petit-fils, frères
& fœurs, neveux & oncles, ou entre alliés aux degrés
ci-deffus, fans que les parties foient tenues de fe pourvoir
fuivant les formes prefcrites par l'article 12 du titre X du
décret fur l'organifation judiciaire.

Art. X.

La confection des inventaires de defcription & de ca-
rence à l'ouverture des fucceffions, n'appartiendra point
aux juges de-paix, mais aux notaires, même dans les lieux
où elle étoit attribuée aux juges ou aux greffiers.

Art. XI.

La légalifation des actes ne fera point faite, les certificats
de vie ne feront point donnés par les juges-de-paix. La

légalifation fera faite, les certificats feront donnés gratuitement par les préfidens des tribunaux de diftrict, ou ceux
des juges qui en feront les fonctions Dans les chefs-lieux
où font établis, foit les tribunaux, foit les adminiftrations
de diftrict, les maires feront les légalifations, & donneront
les certificats de vie concurremment avec les préfidens des
tribunaux, mais feulement fur les actes des officiers publics,
ou pour les citoyens qui feront domiciliés dans l'étendue
de la commune.

A r t. XII.

Les juges-de-paix pourront porter attaché au côté gauche
de l'habit, un médaillon ovale en étoffe, bordure rouge,
fond bleu, fur lequel feront écrits en lettres blanches ces
mots : *la loi & la paix.*

A r t. XIII.

Les huiffiers des juges-de-paix dans les villes, lorfqu'ils
feront en fonctions, porteront à la main une canne blanche.
Les citations & jugemens des juges-de-paix feront fignifiés
par eux, & non par autres huiffiers, à peine d'amende de
fix livres, qui fera prononcée par le juge-de-paix, dont
moitié fera applicable à fon huiffier; l'autre moitié fera
verfée dans la caiffe du receveur des amendes du diftrict.

Voyez au code civil, ou code judiciaire, partie deuxième, le
décret du 21 feptembre 1791, qui, dans la ville de Paris, attribue
aux huiffiers attachés aux juges-de-paix, le droit de faire feuls les
citations devant les tribunaux de paix.

A r t. XIV.

Si le juge-de-paix eft pendant plus de huit jours confé-
cutifs fans remplir fes fonctions, il fera tenu de remettre
à l'affeffeur qui l'aura remplacé, la portion proportion-
nelle du falaire qui lui eft attribué ; & dans tous les cas
où

où l'assesseur remplacera le juge-de-paix pour les commissions & les actes auxquels des vacations sont attachées, l'assesseur recevra lesdites vacations.

Art. XV.

Les juges-de-paix ne pourront connoître de l'inscription de faux ou dénégation d'écriture ; & lorsqu'une des parties déclarera vouloir s'inscrire en faux, ils lui en donneront acte, & renverront la cause au tribunal de district.

Des bureaux de paix.

Voyez sur l'établissement de ces bureaux, le décret du 16 août 1790, titre X.

Art. XVI.

Aucuns avoués, greffiers, huissiers & ci-devant hommes de loi, ou procureurs, ne pourront représenter les parties aux bureaux de paix. Les autres citoyens ne seront admis à les représenter, que lorsqu'ils seront revêtus de pouvoirs suffisans pour transiger.

Art. XVII.

Les affaires commencées avant l'installation des tribunaux, seront portées à ceux qui en doivent connoître, par simple assignation de la partie la plus diligente, sans autres procédures & sans avoir passé au bureau de paix.

Art. XVIII.

Toutes saisies, oppositions & autres actes conservatoires, pourront être faits avant de donner la citation devant le bureau-de-paix. Les affaires qui intéressent la nation, les communes & l'ordre public, seront portées aux tribu-

Code judiciaire général.   H

naux, fans qu'il foit befoin de comparution préalable devant ce bureau. Il en fera de même des affaires de la compétence des juges de commerce, quand même les affaires feroient portées au tribunal de diftrict, au cas de l'article 13 du titre XII du décret du 16 août 1790, fur l'organifation judiciaire.

Voyez fur les actes confervatoires, la difpofition de l'article 6 du titre X du décret du 16 août 1790, ci-deffus.

A r t. XIX.

Les officiers municipaux font autorifés à pourvoir économiquement aux menus frais de bois, lumières, papiers & fecrétaires du bureau de paix, qui feront à prendre fur le produit des amendes prononcées fur les appels.

A r t. X X.

Les bureaux de paix exerceront leurs fonctions fans qu'il foit befoin d'aucune inftallation ; & les citations pourront être notifiées par les greffiers des municipalités dans lefquelles les perfonnes citées auront leur domicile.

A r t. X X I.

L'appel des jugemens des juges-de-paix, lorfqu'ils feront fujets à l'appel, ne fera pas reçu par les tribunaux de diftrict, fi l'appelant n'a pas fignifié copie du certificat du bureau de paix du diftrict, conftatant que la partie adverfe a été inutilement appelée devant ce bureau pour être conciliée fur l'appel, ou qu'il a employé fans fruit fa médiation.

A r t. X X I I.

Si la partie ajournée en première inftance devant un tribunal de diftrict, n'a pas comparu au bureau de paix, &

vient à perdre fa caufe, elle fera condamnée, par le même jugement, à une amende de trente livres, au paiement de laquelle elle fera contrainte, foit qu'elle exécute le jugement, foit qu'elle en appelle; & fans reftitution en ce dernier cas, quel que foit l'évènement de l'appel. La même amende fera prononcée contre le demandeur qui, s'etant pourvu au tribunal de diftrict fans avoir fait citer fon adverfaire devant le bureau de paix, fera par cette même raifon déclaré non recevable.

Art. XXIII.

Lorfqu'une partie citée devant le bureau de paix fera expofée a l'exécution d'une contrainte par corps, prononcée pour caufe civile, le bureau de paix pourra lui accorder un fauf-conduit; & elle ne pourra être arrêtée, ni le jour fixé pour fa comparution, ni pendant fon voyage pour aller au bureau de paix & pour en revenir.

Art. XXIV.

Si un débiteur, après avoir obtenu de fon créancier, devant le bureau de paix, un terme de paiement, manque de payer à l'échéance de ce terme, le créancier pourra l'ajourner directement au tribunal de diftrict, fans le citer de nouveau devant le bureau de paix; & le délai de l'ajournement ne fera en ce cas que de cinq jours, & d'un jour en outre pour dix lieues.

Art. XXV.

Lorfque de deux parties préfentes devant le bureau de paix, l'une déclarera s'en rapporter au ferment de l'autre partie, fur la vérité d'une dette méconnue, ou d'une convention conteftée, ou de tout autre fait décifif, le bureau de paix recevra le ferment, ou fera mention dans fon procès-verbal du refus de le prêter.

H 2

A r t. XXVI.

Le bureau de paix, après avoir concilié les parties, conftatera dans le procès-verbal les points de conciliation dont elles font tombées d'accord. Ce procès-verbal fera figné des parties, ou contiendra mention de la déclaration qu'elles auront faite de ne favoir figner.

Voyez le décret du 16 août 1790, titre X, art. 3.

Des juges de diftrict, fuppléans & greffiers.

A r t. XXVII.

Les fonctions mentionnées en l'article premier, font interdites aux juges & aux commiffaires du roi, ainfi que celles de notaires & de défenfeurs officieux, même hors de leur tribunal.

A r t. XXVIII.

Les fuppléans ne pourront être greffiers, huiffiers, ni percepteurs des impôts indirects; mais ils pourront exercer le miniftère de défenfeurs officieux, d'avoués, de juges-de-paix, ainfi que les fonctions municipales, à la charge d'opter au moment où ils auront des provifions de juges.

Ni juges dans un autre tribunal. Voyez ci-deffous l'extrait du procès-verbal du 10 juin 1791.

A r t. XXIX.

Les fuppléans ne feront appelés par le tribunal, que dans le cas où leur affiftance fera néceffaire à la validité des jugemens, à l'exception des fuppléans qui remplaçant les membres de l'Affemblée nationale nommés juges, complétent le nombre habituel de cinq dans chaque tribunal.

La première fois qu'ils feront appelés, s'ils n'ont pas prêté le ferment lors de l'inftallation des juges, ils prêteront devant eux le même ferment, & il en fera dreffé acte.

La formule du ferment eft au décret du 16 avril 1790, tit. VII, art. 3.

A r t. X X X.

Lorfque les fuppléans feront appelés pour la validité des jugemens, ils porteront le même coftume que les juges, & ils recevront leur part des droits d'affiftance feulement. Les fuppléans qui remplacent les membres de l'Affemblée nationale qui ont été nommés juges, recevront la totalité du complément, jufqu'à ce que les députés nommés juges, puiffent entrer en fonctions.

Voyez quel eft ce coftume dans l'art. 4 du décret du 11 février 1791.

A r t. X X X I.

Les commis affermentés des greffiers des tribunaux, ne peuvent, non plus que les greffiers eux-mêmes, être parens de l'un des juges du tribunal qui les a choifis, jufqu'au troifième degré felon la fupputation civile, quand même le juge, parent du greffier, fe feroit abftenu de donner fa voix pour fon élection.

Voyez ci-deffus, l'art. 4.

A r t. X X X I I.

Par provifion, & en attendant qu'il ait été fait un nouveau tarif, les émolumens perfonnels des greffiers, fur chaque expédition ; des avoués, fur chaque acte de procédure ; des huiffiers-audienciers, pour chaque exploit ou fignification, feront des trois-quarts des anciens : fans que les greffiers puiffent, en aucun cas, rien percevoir à titre de *parifis*.

Les huiffiers ordinaires percevront les mêmes droits que par le paffé.

Tous ces droits ne feront perçus fur ce pied, même dans les affaires d'appel, qu'eu égard aux tarifs établis dans chaque lieu pour les affaires de première inftance. Dans les diftricts dans l'étendue defquels il n'y avoit pas autrefois de jurifdiction royale, on prendra pour bafe le tarif qui étoit fuivi dans la jurifdiction royale la plus voifine fituée dans le département.

A Paris, le tarif de 1778 (1), qui avoit lieu aux requêtes du palais, fervira de bafe aux proportions ci-deffus déterminées, en ce qui concerne les droits des greffiers & des avoués, fans néanmoins qu'il puiffe être alloué aux avoués aucun des droits de confeil & de confultation, attribués par ce tarif aux ci-devant procureurs. A l'égard des huiffiers-audienciers & des huiffiers ordinaires exploitant à Paris, la bafe de proportion fera prife dans le tarif ufité au ci-devant châtelet.

Voyez ce tarif du châtelet dans la procédure civile par M. Pigeau, tome II, p. 540.

A r t. XXXIII.

Toute perception de droits & émolumens, contraire au règlement, eft défendue à peine de concuffion ; & le juge qui aura fait la taxe, en fera perfonnellement ref-ponfable, fauf fon recours contre l'officier qui auroit trop reçu : ainfi, d'après la taxe, le mémoire des dépens fera paraphé par le juge, & reftera au greffe, annexé à la minute de la fentence.

A r t. XXXIV.

Jufqu'à ce que l'Affemblée nationale ait ftatué fur la

---

(1) Établi par lettres-patentes du 23 mai 1778.

simplification de la procédure, les avoués suivront exactement celle qui est établie par l'ordonnance de 1667 & règlemens postérieurs. Il ne sera cependant présenté aucune requête pour obtenir la permission d'assigner, si ce n'est pour abréger les délais ; & dans les affaires appointées, il ne sera passé en taxe que deux écrits au plus pour chaque partie ; & dans les lieux où il se fait un inventaire de productions, il sera fait par un état sommaire, qui ne pourra, quel qu'il soit, être taxé plus de quinze livres.

A r t. X X X V.

Les tribunaux de district & de commerce sont provisoirement autorisés à faire des arrêtés relatifs à la police & à l'ordre des audiences. Ils feront exposer dans l'auditoire les rôles, 1°. des affaires sommaires ou provisoires, ou portées par appel des juges-de-paix & tribunaux de police ; 2°. des affaires ordinaires ; 3°. des affaires majeures & de celles qui sont appointées. Il y aura par semaine, des audiences destinées à chaque genre d'affaires. Tous les jours seront utiles pour les actes judiciaires & les audiences, à l'exception des dimanches & fêtes chommées.

A r t. X X X V I.

Les défenseurs officieux seront tenus de justifier au président, & de faire viser par lui les pouvoirs de leurs cliens, à moins qu'ils ne soient assistés de la partie ou de l'avoué.

A r t. X X X V I I.

Il sera provisoirement alloué, par an, pour menus frais de chaque tribunal de district, en papier, registres, bois, lumières & serviteur, ou concierges, une somme depuis trois cents livres jusqu'à huit cents livres, suivant les besoins

du tribunal. La fixation de la fomme néceffaire fera faite
entre ces deux termes de trois cents livres & de huit
cents livres, par les directoires de départemens, fur l'avis
des directoires de diftrict, & de concert avec les juges.
Dans les villes au-deffus de foixante mille ames, la fixation de la dépenfe pourra être portée jufqu'à douze cents
livres ; à Paris, jufqu'à feize cents livres pour chaque tribunal , fi les befoins l'exigent.

A r t. XXXVIII.

Les huiffiers, gardes du commerce, & autres exécu-
teurs des jugemens, faifant une exécution quelconque,
porteront une canne blanche ; & à la boutonnière une
médaille fufpendue par un ruban aux trois couleurs, &
portant ces mots : *Actions de la loi.*

Les huiffiers-audienciers porteront dans le même cas,
le coftume réglé par le décret du 2 feptembre 1790.
Ceux-ci feront feuls les fignifications d'avoués à avoués.
Tous autres huiffiers qui feront ces fignifications, feront
condamnés, pour chacune, à une amende de douze livres,
dont moitié applicable aux huiffiers-audienciers du tribunal.

A r t. XXXIX.

Les juges de tribunaux de commerce feront inftallés par
les officiers municipaux , dans la même forme prefcrite
à l'égard des tribunaux de diftrict. Auffitôt après leur inftallation , ils procéderont à l'élection du greffier , de la
même manière que dans les tribunaux de diftrict.

Voyez le décret du 16 août 1790, tit. IX ; & le préfent décret
art. 4 & 31.

A r t. XL.

Les officiers municipaux des lieux où il y avoit des juf-
tices ci-devant feigneuriales , municipales & de mairie ,

reconnoîtront & leveront les fcellés qu'ils ont appofés
fur les greffes, & feront tranfporter les minutes & regiftres au greffe du tribunal de diftrict, dont le greffier
fe chargera au pied d'un bref état. Il en fera de même
des ci-devant fiéges royaux, compris dans le territoire
du tribunal ; & à l'égard des ci-devant cours, ci-devant
préfidiaux, bailliages, fénéchauffées, vigueries, établis
dans les lieux où les tribunaux de diftrict font placés,
les minutes & regiftres feront dépofés au greffe du diftrict de la ville où fiégeoit la cour fupérieure, le bailliage, la fénéchauffée ou la viguerie. Le greffier du diftrict
donnera les expéditions & extraits de ces minutes &
regiftres, & percevra les émolumens qui lui ont été ci-
deffus attribués. Pour Paris, les officiers municipaux nommeront tel gardien qu'ils jugeront à propos, duquel ils
prendront le ferment, & qui, après la reconnoiffance
& levée des fcellés, fe chargera fur un bref état, des
minutes, regiftres, archives de ces anciens tribunaux,
& pourra en délivrer des extraits ou expéditions, en ne
recevant que vingt fous par chaque rôle, dont il comptera
de clerc à maître à la municipalité, qui lui fixera un
falaire raifonnable.

A r t. X L I.

Dans les comptes, partages, liquidations, ordres &
contributions, dont l'achèvement eft attribué aux ci-devant
commiffaires au châtelet de Paris qui les avoient commen-
cés, s'il y a des abfens intéreffés qui n'ayent pas laiffé ou
envoyé de procuration, il fera nommé par le tribunal,
pour y affifter pour eux, un des avoués, lequel ne recevra
que la moitié des droits ci-devant accordés aux fubftituts du
procureur du roi.

Voyez dans la feconde partie, ou code civil, à l'appendice,
l'art. 7 de la fect. 2, du titre Ier du décret du 29 feptembre 1791,
concernant les notaires.

Décret du 13 Mars 1791,

Sanctionné le 20,

Qui fixe le lieu où le tribunal de caffation tiendra fes féances.

L'Affemblée nationale, ouï le rapport de fon comité d'emplacement des tribunaux & corps adminiftratifs, décrète que le tribunal de caffation tiendra fes féances à l'ancien palais de juftice, dans la grand'chambre du ci-devant parlement de Paris & fes acceffoires.

Décret du 24 mars 1791,

Sanctionné le 30,

Relatif aux appels des jugemens des tribunaux de commerce.

L'Affemblée nationale décrète que, jufqu'à ce qu'il ait été autrement ftatué, les appels des jugemens des tribunaux de commerce feront portés, fuivant les formes prefcrites par les décrets fur l'ordre judiciaire, & de la même manière que les appels des jugemens du tribunal de diftrict, dans l'un des f pt tribunaux de diftrict d'arrondiffement du tribunal de diftrict dans le reffort duquel le tribunal de commerce eft fitué.

Voyez le décret du 16 août 1790, titre V.

DÉCRET du 14 avril 1791,

Sanctionné le 17,

Relatif à l'installation du tribunal de cassation, & à la suppression des avocats au conseil.

L'Assemblée nationale décrète ce qui suit :

ARTICLE PREMIER.

Le tribunal de cassation sera installé le 20 de ce mois (avril 1791).

ART. II.

Les députés à l'Assemblée nationale , élus membres du tribunal de cassation, pourront être installés ; mais ils ne pourront remplir leurs fonctions de juges qu'après la présente session.

ART. III.

Les officiers municipaux de la ville de Paris feront mettre , le 19 de ce mois , en leur présence , le scellé sur les greffes & autres dépôts des papiers & minutes du conseil des parties, & des différentes commissions & bureaux du conseil.

ART. IV.

Les procès en cassation , pendans au conseil des parties & aux commissions du conseil, sont renvoyés au tribunal de cassation, pour y être instruits & jugés , sans qu'il soit besoin de nouvelles assignations , ni de reprise d'instance.

Voyez au code civil , ou code judiciaire seconde partie , le décret du 27 avril , qui fait le renvoi des autres affaires pendantes au conseil ; & le décret du 8 août sur les affaires pendantes au conseil à la requête de l'agent du trésor public.

A r t. V.

Les offices des avocats au conseil font fupprimés. Ceux qui en étoient pourvus feront admis à faire les fonctions d'avoués au tribunal de caffation, & jouiront auffi du droit d'exercer auprès des tribunaux de diftrict. Provifoirement, feront auffi admis à exercer auprès du tribunal de caffation, les procureurs au grand-confeil, & tous ceux auxquels eft accordée la faculté de remplir les fonctions d'avoués auprès des tribunaux de diftrict; mais ils feront tenus d'opter, & ne pourront exercer en même-temps auprès des tribunaux de diftrict & auprès du tribunal de caffation.

Voyez le décret du 21 feptembre 1791, qui retranche la faculté accordée ici aux ci-devant avocats au confeil.

Décret du 10 mai 1791,

Sanctionné le 15,

Sur l'organifation de la Haute-cour-nationale.

L'Affemblée nationale, après avoir entendu le nouveau & dernier rapport fait au nom du comité de conftitution, fur la formation de la haute-cour-nationale, décrète ce qui fuit :

Voyez fur la haute-cour-nationale, l'acte conftitutionnel, tit. III chap. 5, art. 23.

A r t i c l e p r e m i e r.

La haute-cour-nationale fera compofée d'un haut-juré, & de quatre grands-juges, qui dirigeront l'inftruction, & qui appliqueront la loi après la décifion du haut-juré fur le fait.

A r t. I I.

Lors des élections pour le renouvellement d'une légiſlature, les électeurs de chaque département, après avoir nommé les repréſentans au Corps légiſlatif, éliront au ſcrutin individuel, & à la pluralité abſolue des ſuffrages, deux citoyens ayant les qualités néceſſaires pour être députés au Corps légiſlatif, leſquels demeureront inſcrits ſur le tableau du haut-juré pendant tout le cours de cette légiſlature.

A r t. I I I.

Chaque nouvelle légiſlature, après avoir vérifié les pouvoirs de ſes membres, dreſſera la liſte des jurés élus par les départemens du royaume; & elle la fera publier.

A r t. I V.

La haute-cour-nationale connoîtra de tous les crimes & délits dont le Corps légiſlatif ſe portera accuſateur.

A r t. V.

La haute-cour-nationale ne ſe formera que quand le Corps légiſlatif aura porté un décret d'accuſation.

A r t. V I.

Elle ſe réunira à une diſtance de quinze lieues, au moins, du lieu où la légiſlature tiendra ſes ſéances. Le Corps légiſlatif indiquera la ville où la haute-cour-nationale s'aſſemblera.

A r t. V I I.

Le décret du Corps légiſlatif, portant accuſation, n'aura pas beſoin d'être ſanctionné par le roi.

Voyez l'acte conſtitutionnel, tit. III, chap. 3, ſect. 3, art. 7.

A r t. V I I I.

Le décret du Corps légiſlatif, portant accuſation, aura l'effet d'un décret de priſe-de-corps.

A r t. I X.

Avant de porter le décret d'accuſation, le Corps lé-giſlatif pourra appeler & entendre à ſa barre les témoins qui lui feront indiqués. Il ne ſera point tenu d'écrire les dires des témoins ; mais, après que le décret portant ac-cuſation aura été rendu, les témoins ſeront entendus par les quatre grands-juges, & leurs dépoſitions reçues par écrit.

A r t. X.

Lorſque le Corps légiſlatif aura décrété qu'il ſe rend accuſateur, il fera une proclamation ſolemnelle pour an-noncer la formation d'une haute-cour-nationale, & fera rédiger l'acte d'accuſation de la manière la plus préciſe & la plus claire; & il nommera deux de ſes membres pour, ſous le titre de grands-procurateurs de la nation, faire, auprès de la haute-cour-nationale, la pourſuite de l'accuſation.

A r t. X I.

Les quatre grands-juges qui préſideront à l'inſtruction, ſeront pris parmi les membres du tribunal de caſſation. Leurs noms ſeront tirés au ſort dans la ſalle où la lé-giſlature tiendra publiquement ſes ſéances. Le plus ancien d'âge préſidera. Le roi ſera prié d'y envoyer deux com-miſſaires.

A r t. X I I.

Le haut-juré ſera compoſé de vingt-quatre membres, & il ne pourra juger qu'à ce nombre.

A r t. X I I I.

Il y aura de plus six haut - jurés, tirés au fort fur la
lifte des cent foixante-fix, pour fervir d'adjoints dans le
même cas & f.lon les mêmes formes déterminées par
la loi fur les jurés.

A r t. X I V.

Les haut - jurés qui feront nommés par chacun des
départemens, pour être infcrits fur la lifte générale, ne
feront admis à propofer aucune excufe pour fe difpenfer
d'être infcrits fur cette lifte.

A r t. X V.

Lorfque le Corps légiflatif aura fait fa proclamation
pour annoncer la formation d'une haute-cour-nationale,
ceux des haut - jurés infcrits fur la lifte, qui croiroient
avoir des excufes légitimes pour fe difpenfer de compofer le
haut-juré, dans le cas où le fort les y fît entrer, pourront
envoyer lefdites excufes avec les pièces qui en prouveront
la légitimité. Ces excufes feront jugées par les grands-
juges.

A r t. X V I.

Si l'empêchement allégué eft jugé légitime, les noms
des haut-jurés qui fe trouveront excufés, feront, pour cette
fois, retirés de la lifte.

A r t. X V I I.

Après que le haut-juré aura été déterminé, il n'y aura
plus, pour ceux qui devront le compofer, aucun lieu à
propofer d'excufes, fi ce n'eft pour impoffibilité phyfique;

telle qu'une maladie grave, conftatée par un rapport de médecins, & certifiée par le procureur-général-fyndic du département, ou le procureur-fyndic du diftrict, ou le procureur de la commune, fuivant que le citoyen appelé habitera dans un chef-lieu de département, de diftrict, ou dans une municipalité.

Art. XVIII.

Les haut-jurés qui feront convoqués, foit que leurs excufes n'ayent pas été jugées légitimes, foit qu'ils n'en ayent pas propofé, ne pourront fe difpenfer de fe rendre au lieu défigné, fous peine, par celui qui ne fe rendroit pas, d'une amende égale aux contributions directes, tant foncière que mobiliaire, auxquelles il fe trouvera impofé pour l'année, & d'être déchu pour fix ans des droits de citoyen actif.

Art. XIX.

Celui qui aura rempli une fois les fonctions de haut-juré, ne pourra plus les remplir pendant le refte de fa vie. Son nom fera retiré de deffus la lifte, & on ne pourra plus l'élire pour cette fonction.

Art. XX.

Lorfqu'un ou plufieurs des hauts-jurés ne pourront pas, à raifon de maladie, remplir leurs fonctions, ils feront remplacés; favoir, ceux des vingt-quatre membres compofent le haut-juré, par les adjoints, fuivant l'ordre dans lequel ceux-ci auront été nommés par la voie du fort; & les adjoints qui feront, de cette manière, entrés dans le haut-juré, par des jurés pris au fort fur la lifte du département dans lequel fiégera la haute-cour-nationale.

ART.

A r t. X X I.

Les accusés auront quinze jours pour déclarer leurs récusations.

A r t. X X I I.

L'accusé ou les accusés auront la faculté d'exercer, sans donner de motifs, le double de récusations accordées par le décret sur la procédure par jurés.

A r t. X X I I I.

Les grands-procurateurs de la nation ne pourront proposer de récusations qu'en donnant des motifs : ces motifs seront jugés par les grands-juges.

A r t. X X I V.

Aussitôt que les récusations auront été proposées, & le haut-juré déterminé, les grands-juges feront convoquer les trente membres dont il sera composé : lesquels seront tenus de se rendre, dans quinze jours après la notification du mandement des grands-juges, dans la ville qui sera désignée.

A r t. X X V.

Les grands-juges adresseront, pour le faire notifier, leur mandement aux procureurs-généraux-syndics des départemens où auront été nommés les hauts-jurés convoqués.

A r t. X X V I.

La forme de composer le juré & de procéder, établie pour les jurés ordinaires, sera suivie pour le haut-juré.

Code judiciaire général.   I

A r t. X X V I I.

Le commiſſaire du roi auprès du tribunal de diſtrict, dans le territoire duquel la haute-cour-nationale s'aſſemblera, fera auprès d'elle les fonctions de commiſſaire du roi. Elles ſeront les mêmes, reſpectivement à l'inſtruction & au jugement, que celles qu'il exercera auprès du tribunal criminel ordinaire.

Voyez dans le code criminel, ou ordre judiciaire, partie III, les détails de l'inſtruction par jurés.

Décret du 8 juin 1791,

Sanctionné le 17 du même mois,

Relatif à la validité de la nomination des commiſſaires du roi.

L'Aſſemblée nationale décrète ce qui ſuit :

A r t i c l e p r e m i e r.

Les déciſions qui ſeront portées ou qui auroient déjà pu l'être par les tribunaux de diſtrict, ſur la validité de la nomination des commiſſaires du roi, pourront être attaquées au tribunal de caſſation, ſoit par eux, s'ils ſe prétendent injuſtement exclus, ſoit par le commiſſaire du roi auprès du tribunal de caſſation, s'il penſe qu'ils ont été mal-à-propos admis. Toutefois l'action du commiſſaire du roi ne pourra plus être intentée après ſix mois, à compter de la reception de l'officier.

A r t. I I.

En cas de partage des voix dans les tribunaux de diſtrict fur l'admiffion ou rejection des commiffaires du roi, le premier, ou à fon défaut, le fecond des fuppléans, fera appelé pour faire ceffer le partage : fauf le recours au tribunal de caffation contre la décifion qui fera portée.

Art. III.

Les jugemens du tribunal de caffation porteront, dans ce cas, fur la forme ou fur le fond ; ils feront en dernier reffort fur la validité ou invalidité de la nomination des commiffaires du roi ; & les tribunaux feront tenus de les exécuter.

Sur l'établiffément des commiffaires du roi, leur nomination & leurs fonctions, voyez l'acte conftitutionnel, titre III, chapitre 5, art. 25 ; & le décret du 16 août 1790, tit. VIII.

***

EXTRAIT du procès-verbal de l'Affemblée nationale, du 10 juin 1791.

Un membre du comité de conftitution a dit, qu'on demandoit fi un membre du tribunal de caffation ou d'un tribunal de diftrict pouvoit être en même-temps fuppléant d'un autre tribunal quelconque ; que l'incompatibilité réfulte de l'efprit des décrets ; & qu'ainfi un membre du tribunal de caffation, ou d'un tribunal de diftrict, ne peut être en même-temps fuppléant d'un autre tribunal quelconque.

Cette explication ayant été mife aux voix, l'Affemblée a ordonné de la configner dans le procès-verbal.

DÉCRET du 9 août 1791,

Scellé le 10 du même mois,

Portant que les anciens négocians, marchands & banquiers sont éligibles, en qualité de juges, aux tribunaux de commerce.

L'Assemblée nationale, après avoir entendu le rapport du comité de constitution, considérant que les anciens négocians, marchands, banquiers ou autres désignés par la loi de l'organisation judiciaire, qui se sont retirés du commerce, ne peuvent, par le fait de cette discontinuation, être assujétis à prendre des patentes, décrète qu'ils sont éligibles, en qualité de juges aux tribunaux de commerce, & néanmoins qu'ils ne pourront être électeurs.

La loi sur l'organisation judiciaire est le décret du 16 août 1790 : c'est le titre XII de ce décret, qui traite des juges de commerce.

OBSERVATION.

J'ai beaucoup balancé si je placerois dans le code judiciaire, le décret qu'on va lire, & si je l'y placerois en entier. Après de mûres réflexions il m'a paru qu'il appartenoit nécessairement, pour une partie considérable, à l'ordre judiciaire, puisqu'il supprime & remplace les juges d'amirauté ; que par conséquent on ne pouvoit ne pas en faire mention dans le code judiciaire. Ensuite il m'a paru que toutes les dispositions en étoient tellement corrélatives les unes aux autres, qu'on ne pouvoit pas les diviser sans s'exposer au risque de rendre la loi inintelligible.

DÉCRET du 9 août 1791,

Scellé le 28,

Sur la police de la navigation & des ports de commerce, & les juges qui en connoîtront.

L'Assemblée nationale, ouï le rapport de son comité de marine sur la police de la navigation & des ports de commerce, décrète ce qui suit :

TITRE PREMIER.

De la compétence sur les affaires maritimes.

ARTICLE PREMIER.

Les tribunaux de commerce connoîtront, dans l'étendue de leurs districts respectifs, ou dans l'arrondissement prescrit, de toutes affaires de commerce de terre & de mer en matière civile seulement, sous les modifications ci-après, & sans y comprendre, quant-à-présent, la compétence pour les prises.

ART. II.

Dans tous les cantons où ne sera pas situé le tribunal de commerce, les juges-de-paix connoîtront, sans appel, des demandes de salaires d'ouvriers & gens de mer, de la remise des marchandises, & de l'exécution des actes de voiture, des contrats d'affrètement, & autres objets de commerce, pourvu que la demande n'excède pas leur compétence.

ART. III.

Les juges-de-paix du canton, le maire, & le premier

officier municipal du lieu, & le syndic des gens de mer, seront tenus de se rendre au premier avertissement de quelque échouement, bris ou naufrage, pour procurer les secours nécessaires.

A R T.   I V.

Les ordres seront donnés par le juge-de-paix, dès qu'il sera présent; à son défaut, par l'officier municipal; & à leur défaut, par le syndic des gens de mer.

A R T.   V.

Dans tous les cas de bris & naufrages, il en sera donné avis de suite au chef des classes le plus prochain, & au juge-de-paix du canton, qui, avec le greffier du tribunal de paix, seront tenus de se transporter sur les lieux, & d'y pourvoir au sauvement des navires & effets, dont ils rapporteront état & procès-verbal.

A R T.   V I.

Le juge-de-paix pourra faire vendre de suite, sur la réquisition du chef des classes, les effets qui ne seront pas susceptibles d'être conservés; & s'il ne se présente point de réclamations dans le mois, il procédera, en présence du même chef, à la vente des marchandises les plus périssables ; & sur les deniers en provenant, seront payés les salaires des ouvriers, suivant le règlement qu'il en aura fait provisoirement, & sans frais.

A R T.   V I I.

En cas de contestation ou refus d'exécuter ce règlement de la part de quelqu'une des parties intéressées, il sera porté, pour servir d'instruction seulement, au tribunal de commerce, qui procédera de nouveau au règlement contesté.

A r t. VIII.

Les règlemens d'avaries & les autres demandes & actions civiles des intéressés aux navires & marchandises, seront de la compétence du tribunal de commerce. Le juge-de-paix pourra cependant ordonner que la remise des effets sauvés soit faite aux réclamans, après l'examen des preuves de leur propriété, & avec le consentement du chef des classes. A défaut de ce consentement, il renverra au tribunal de commerce la demande en réclamation.

A r t. IX.

Dans les cas de bris & naufrages des bâtimens espagnols, les juges-de-paix se retireront à la première réquisition des consuls d'Espagne, auxquels ils abandonneront les soins du sauvetage, en conformité des traités.

A r t. X.

S'il se commet des vols, pillages ou autres délits, le juge-de-paix y pourvoira provisoirement. Il en rapportera procès-verbal, qu'il adressera au tribunal de district, sur lequel le commissaire du roi & l'accusateur public seront tenus de faire poursuivre les coupables.

A r t. XI.

Lorsque les cadavres seront trouvés, soit dans les ports, soit sur les rivages, il en sera donné avis au juge-de-paix du lieu, qui fera les diligences & poursuites nécessaires.

A r t. XII.

Les juges de district connoîtront de tous les crimes &

I 4

délits commis dans les ports & rades, & fur les côtes; de ceux commis en mer & dans les ports étrangers, fur navires françois & dans les factoreries françoifes; & de toutes accufations & baratteries, ou de faux, foit principal, foit incident à des affaires pourfuivies aux tribunaux de commerce, fans préjudice des cas où la procédure par jurés pourra avoir lieu.

TITRE II.

Des congés & rapports.

ARTICLE PREMIER.

Le chef des claffes, dans chacun des principaux ports, fera chargé de la délivrance des congés, paffe-ports, & même de celle des commiffions en guerre, dans les cas & de la manière qui auront été déterminés; & quant aux actes de propriété des navires, ils feront enregiftrés au greffe des tribunaux de commerce, lefquels tribunaux feront en outre chargés de veiller à ce que les navigateurs n'éprouvent ni retard ni difficulté, & ne foient obligés de payer autres ni plus grands droits que ceux qui feroient établis fous quelque dénomination que ce foit.

ART. II.

Les congés feront faits, à l'avenir, dans la forme fuivante.

Lambrequins
ou
Ornemens.

ARMES.
DE
FRANCE.

Ornemens.

CONGÉ

DE BATIMENT DE COMMERCE FRANÇAIS.

LOUIS, par la grace de Dieu et la Loi Constitutionnelle de l'État, Roi des Français : A TOUS CEUX qui les présentes verront; SALUT. Le Bàtiment nommé le   du port de (*en toutes lettres*) tonneaux, enregistré et domicilié au port de
                            ayant été reconnu français, nous déclarons qu'il a droit de naviguer sous le Pavillon national de France, et avons donné Congé et Passe-port à (*nom et qualité du Capitaine ou Maître*) commandant ledit Bâtiment, pour partir du Port et Havre de
(*Ici on énoncera, pour les voyages de long cours, la destination du Bâtiment, en terminant ainsi :* et suivre ce voyage avec le présent congé jusqu'au retour dans un des Ports de France. --- *Pour le cabotage, on dira seulement :* Et naviguer au cabotage pendant un an avec le présent congé), à la charge de se conformer aux Loix du Royaume et aux réglemens de la navigation.

Prions et requérons tous Souverains, Amis et Alliés de la Nation Française et leurs Subordonnés; mandons et ordonnons à tous Fonctionnaires publics sous nos ordres, aux Commandans des Bâtimens de l'État et à tous autres qu'il appartiendra, de laisser sûrement et librement passer ledit   avec sondit Bâtiment, sans lui faire, ni souffrir qu'il lui soit fait aucun trouble ni empêchement quelconque; mais au contraire de lui donner toute faveur, secours et assistance par-tout où besoin sera. En témoin de quoi nous avons mis notre seing, et fait apposer le Sceau de l'État au présent Congé, et icelui fait contre-signer par le Ministre de la Marine.

LOUIS.

SCEAU
DE
L'ÉTAT.

Le Ministre de la Marine.
N.........

Expédié au Bureau général des Classes, à Paris, sous le n°. (*en toutes lettres*)......

et envoyé au Bureau des Classes de
N..........

Enregistré et délivre par nous, Commissaires des Classes au Port de............ *le*............
N............

Reçu pour droit d'expédition,............ N............

Vignettes.

Vignettes coupées des deux côtés.

A r t. I I I.

Les congés ne feront délivrés que fur la repréfentation des actes de propriété, des billets de jauge, des procès-verbaux de vifite des navires, des déclarations de
chargement & acquits à caution, ou quittance de paiement des droits, & de la quittance du receveur des
droits fur la navigation.

A r t. I V.

Les déclarations & rapports des officiers commandant
les bâtimens du commerce, foit au retour du voyage, foit
dans les cas de relâche ou d'accident pendant le voyage,
feront faites au bureau chargé de la délivrance des congés.
Les commandans des bâtimens de commerce au long
cours, tiendront un journal de voyage, chiffré & paraphé
par le chef des claffes du lieu de leur départ; & ils feront
tenus, en faifant leur déclaration, de repréfenter leur
journal, qui fera arrêté & vifé par le prépofé du bureau
des claffes; & les commandans feront tenus de les repréfenter au befoin.

A r t. V.

Dans les ports & havres où il n'y a pas de bureau des
claffes, les déclarations des commandans de navires &
gens de mer feront reçues de la même manière par le
juge-de-paix. Les vûs de relâche pourront être donnés par
le prépofé de la douane.

T I T R E I I I.

Des officiers de police dans les ports, & de leurs fonctions.

A r t i c l e p r e m i e r.

Dans les villes maritimes où il y a des tribunaux de
commerce, il fera nommé des capitaines & lieutenans

de port, pour veiller à la liberté & sûreté des ports &
rades de commerce, & de leur navigation ; à la police fur
les quais & chantiers des mêmes ports ; au leftage & déleftage ; à l'enlèvement des cadavres, & à l'exécution des
loix de police des pêches & du fervice des pilotes.

A R T. I I.

Dans les villes maritimes où il n'y a pas de tribunal de
commerce, il fera nommé feulement des lieutenans de
port. Dans les ports obliques, un ancien navigateur fera
chargé de veiller au leftage & déleftage.

A R T. I I I.

Les vifites de navires feront faites par d'anciens navigateurs ; & les certificats de jaugeage feront délivrés par
des jaugeurs nommés à cet effet.

A R T. I V.

Le nombre des officiers de port, & de ceux prépofés
aux vifites, fera réglé, fur la demande des villes & fur
l'avis du diftrict, par les départemens.

A R T. V.

Les officiers de port feront nommés par le confeil-général
de la commune de chaque ville de leur établiffement.

A R T. V I.

Les juges de commerce, dans les villes où il s'en trouvera ; &, dans les autres, les officiers municipaux nommeront les navigateurs pour la vifite des navires.

A R T. V I I.

Les places de jaugeurs feront données au concours ;

fur un examen public fait en préfence de la municipalité par les examinateurs hydrographes.

Il y aura une méthode uniforme de jauger pour tous les bâtimens, qui fera déterminée par un règlement à cet effet.

A r t. V I I I.

Les capitaines & lieutenans de port feront nommés pour fix ans. Les officiers prépofés pour les vifites, ne feront nommés que pour un an : les uns & les autres pourront être réélus ; les jaugeurs le feront à vie.

A r t. I X.

Les procès-verbaux d'élection des capitaines & lieutenans de port feront adreffés au miniftre de la marine, qui leur en fera expédier les commiffions fans délai.

A r t. X.

Ils prêteront le ferment des fonctionnaires publics, entre les mains du maire du lieu de leur réfidence.

A r t. X I.

Nul ne poutra être élu capitaine ou lieutenant de port, ni officier de vifite, s'il n'a trente ans accomplis, & n'a le brevet d'enfeigne dans la marine françoife.

A r t. X I I.

Lorfqu'un capitaine ou armateur voudra mettre un navire en armement, il fera tenu d'appeler deux officiers vifiteurs, qui, après avoir reconnu l'état du navire, donneront leur certificat de vifite, en y exprimant brièvement les travaux dont le navire leur aura paru avoir besoin pour être en état de prendre la mer.

Art. XIII.

Lorsque l'armement sera fini, & que le navire sera prêt à prendre charge, il sera requis une seconde visite : le procès-verbal de la première sera représenté, & le certificat devra exprimer le bon & dû état dans lequel se trouve alors le navire.

Art. XIV.

Ne seront assujétis à ces formalités, que les navires destinés aux voyages de long cours ; & au moyen de ces dispositions, toutes autres visites ordonnées par les précédentes loix sont supprimées.

Art. XV.

Les capitaines de port porteront l'uniforme de lieutenant de vaisseau ; & les lieutenans de port, celui d'enseigne.

Tous les navigateurs, pêcheurs, porte-faix, ouvriers & autres personnes dans les ports de commerce & sur leurs quais, ne pourront refuser le service auquel ils sont propres, sur les réquisitions des capitaines & lieutenans de port, qui, dans tous les cas de refus & de contravention aux loix de police, en rapporteront procès-verbal.

Art. XVI.

Les capitaines & lieutenans de port pourront, dans les cas où ils seroient injuriés, menacés ou maltraités dans l'exercice de leurs fonctions, requérir la force publique,

& ordonner l'arreſtation proviſoire des coupables, à la chargé
d'en rapporter procès-verbal.

A r t. X V I I.

Les procès-verbaux des capitaines & lieutenans de port,
rapportés contre des particuliers pour fait de contravention
à la police, feront dépoſés, au plus tard dans les vingt-
quatre heures de leur date, au greffe de la municipalité
de leur réſidence, lorſque le procès-verbal ſera rapporté
dans le port ; & ce délai ſera prolongé d'un jour par cinq
lieues, lorſque le procès-verbal conſtatera un délit commis
hors le lieu de la réſidence de l'officier de port.

A r t. X V I I I.

Les pourſuites feront faites à la requête du procureur de
la commune. Il ſera tenu de faire aſſigner les contreve-
nans à comparoir à heure fixe. Le délai ne pourra être
plus long que de vingt-quatre heures pour les parties ré-
ſidantes ſur les lieux, & ſera prolongé d'un jour par cinq
lieues de diſtance de leur domicile ; & le jugement
ſera rendu ſur la première comparution ou par défaut,
& exécuté par proviſion.

A r t. X I X.

Dans tous les cas où les procès-verbaux des capitaines
& lieutenans de port auront pour objet des intérêts publics ou d'adminiſtration, il en ſera par eux adreſſé un
double au miniſtre de la marine & au directoire du département du lieu.

TITRE IV.

Receveurs des droits sur la navigation.

ARTICLE PREMIER.

Pour la recette des droits sur la navigation, inventaire & dépôt des effets des morts ou déserteurs, & le dépôt des marchandises sauvées & séquestrées, ou des deniers provenant de leur vente, autres que ceux qui doivent être versés à la caisse des invalides, il sera établi des receveurs dans les villes maritimes où il y aura des tribunaux de commerce. Ces receveurs seront élus par les juges de commerce. Ils seront tenus d'avoir des commis préposés à la recette des mêmes droits dans les autres ports de l'arrondissement, sous leur inspection & leur responsabilité. Ils fourniront un cautionnement qui sera fixé par les directoires de département, en raison de l'importance de leur recette générale & particulière ; & ne pourront être destitués que par délibération du conseil-général du département.

ART. II.

Ils seront tenus de verser, tous les mois, le produit de la recette des droits à la caisse du district, y compris celles de leurs commis & préposés ; & leur remise sera fixée au sol pour livre jusqu'à 50,000 livres ; à 6 deniers pour liv. sur l'excédant de 50 à 100,000 liv. ; & à raison de 3 deniers pour livre sur le surplus.

ART. III.

Ils fourniront, chaque année, leur compte général en double au directoire de district, qui l'examinera & l'en-

verra avec fon avis, au département, qui l'arrêtera définitivement & en enverra un double au miniſtre de la
marine.

TITRE V.

Application.

ARTICLE PREMIER.

Au moyen des diſpoſitions contenues dans les articles
précédens, les tribunaux d'amirauté, les receveurs, les
maîtres de quais, les experts & viſiteurs, & tous autres
prépoſés à la police & ſervice maritime des ports de commerce, demeurent ſupprimés. Ils ceſſeront toute fonction
du moment que les officiers établis par le préſent décret
pourront entrer en activité.

ART. II.

Les procès civils pendans en première inſtance aux tribunaux d'amirauté, ſeront portés devant le tribunal de
commerce. Les procès criminels ſeront portés devant le
diſtrict du chef-lieu du tribunal ſupprimé. Les appellations
des tribunaux de commerce ſeront proviſoirement portées
aux tribunaux de diſtrict, dans l'ordre des appellations des
tribunaux de diſtrict.

ART. III.

Dans les villes maritimes où les tribunaux de commerce
vont être établis, les juges élus ſeront inſtallés par le con-
ſeil-général de la commune, dans la forme preſcrite pour
l'inſtallation des juges de diſtrict.

ART. IV.

Les greffiers des tribunaux de commerce des villes maritimes,

ritimes, feront nommés & inftallés par les juges, de la même manière que les greffiers des tribunaux de diftrict. Ils feront tenus de fournir le même cautionnement, & recevront le même traitement : le tout conformément au titre IX du décret du 16 août 1790.

A r t. V.

La veille de l'inftallation des juges de commerce, les officiers municipaux fe rendront en corps aux auditoires des amirautés, feront appofer, par leur fecrétaire-greffier, les fcellés fur les armoires & autres dépôts de papiers ou minutes, en leur préfence & en celle de l'ancien greffier du tribunal, qui fera tenu de s'y trouver.

Dans les lieux où les papiers & minutes des greffes fe trouveront dépofés dans la maifon du greffier, le fcellé fera mis provifoirement en cette maifon, fur les armoires & autres lieux de dépôts qui contiendront les papiers & minutes ; il en fera enfuite dreffé inventaire contradictoirement avec l'ancien greffier ; ils feront remis, favoir, ceux qui concernent l'exercice de la juridiction, au greffe du tribunal de diftrict, fi déja fait n'a été en conformité de la loi du 19 octobre dernier ; & ceux qui ne font relatifs qu'aux parties d'adminiftration, au bureau du chef chargé de la délivrance des congés, à l'exception des regiftres des actes de propriété, qui devront être dépofés au greffe du tribunal de commerce.

A r t. V I.

Les officiers municipaux fe tranfporteront également chez les anciens receveurs des droits de l'amirauté ; ils arrêteront leurs regiftres & vérifieront leurs caiffes : le tout en préfence de ces anciens receveurs, qui feront tenus de s'y trouver. Le scellé sera mis provisoirement sur les armoires & autres lieux du dépôt, & sur la caisse. Il en sera ensuite dressé inventaire, contradictoirement avec les anciens receveurs; & ils seront remis aux receveurs qui auront été nommés.

Il sera incessamment proposé par les comités de marine & de commerce, un nouveau tarif des droits sur la navigation; & jusqu'à ce, les anciens droits d'amirauté continueront d'être payés.

DÉCRET du 17 septembre 1791,

Sanctionné le 23 du même mois,

Relatif aux vacances des tribunaux.

L'Assemblée nationale décrète ce qui suit :

ARTICLE PREMIER.

Les tribunaux auront deux mois de vacances, depuis le 14 septembre jusqu'au 15 novembre.

Pour cette année, les vacances des tribunaux seront d'un mois seulement, & commenceront le 15 octobre jusqu'au 15 novembre.

ART. II.

Celui des juges qui est chargé des fonctions de directeur de juré restera de service au tribunal, soit pour remplir lesdites fonctions, soit pour décider les affaires sommaires & provisoires qui sont portées aux tribunaux. Pour cette année, les juges de chaque tribunal nommeront l'un d'entre eux pour faire l'inftruction des affaires criminelles, & décider des affaires fommaires & provifoires.

A r t. III.

Dix membres du tribunal de caffation refteront de fervice pendant les vacances, pour décider feulement fur l'admiffion des requêtes.

Il y aura un commiffaire du roi particulier, pour exercer exclufivement fes fonctions auprès des tribunaux criminels.

D é c r e t du 21 feptembre 1791,

Sanctionné le 14 octobre fuivant,

Pour la nomination de deux fubftituts du procureur du roi près le tribunal de caffation.

Il fera nommé par le roi deux fubftituts du commiffaire du roi auprès du tribunal de caffation.

Ces deux fubftituts auront les deux tiers du traitement fixé pour le commiffaire du roi auprès dudit tribunal.

Voyez le décret du 11 février 1791, art. 1.

DÉCRET du 21 septembre 1791,

Sanctionné le

Concernant les ci-devant avocats au conseil, qui s'établissent avoués près le tribunal de cassation.

L'autorisation provisoire accordée aux ci-devant avocats au conseil, d'exercer en même-temps les fonctions d'avoués auprès du tribunal de cassation & auprès des tribunaux de district, demeure abrogée.

Voyez le décret du 14 avril 1791, qui contenoit cette faculté dans l'article 5.

Fin de la première partie du Code judiciaire.

CODE JUDICIAIRE,

SECONDE PARTIE;

OU

CODE CIVIL,

Contenant les Décrets sur l'Ordre judiciaire civil en général.

Décret du 15 octobre 1789,

Promulgué le 29 août 1790,

Sur les opérations du Conseil.

L'Assemblée nationale décrète que jusqu'à ce qu'elle ait déterminé l'organisation du pouvoir judiciaire, & celle des administrations provinciales, le conseil du roi est autorisé à continuer ses fonctions comme par le passé, à l'exception des arrêts du propre mouvement, & de ceux

K 3

portant évocation des affaires au fond, lesquels ne pourront plus avoir lieu à compter de ce jour ; décrète en outre qu'il sera pris, dans le comité de réformation des lois, quatre commissaires pour examiner le surplus du mémoire du garde-des-sceaux, & en faire leur rapport à l'Assemblée.

Voyez le décret qui suit, & celui du 6 septembre 1790.

Décret du 20 octobre 1789,

Promulgué le 29 août 1790,

Portant nouvelle rédaction du décret du 15.

L'Assemblée nationale a décrété que, jusqu'à ce qu'elle ait organisé le pouvoir judiciaire & celui d'administration, le conseil du roi sera autorisé à prononcer sur les instances qui y sont actuellement pendantes ; & qu'au surplus, il continuera provisoirement ses fonctions comme par le passé : à l'exception néanmoins des arrêts de propre mouvement, ainsi que des évocations avec retenue du fond des affaires, lesquels ne pourront plus avoir lieu à compter de ce jour ; mais le roi pourra toujours ordonner les proclamations nécessaires pour procurer & assurer l'exécution littérale de la loi.

Voyez le décret qui précède ; & celui du 6 septembre 1790.

DÉCRET du 3 novembre 1789,

Sanctionné & promulgué le même jour,

Concernant les parlemens.

L'Affemblée nationale décrète qu'en attendant l'époque peu éloignée où elle s'occupera de la nouvelle organifation du pouvoir judiciaire, 1°. tous les parlemens continueront de refter en vacances, & que ceux qui feroient rentrés, reprendront l'état de vacances ; que les chambres des vacations continueront ou reprendront leurs fonctions, & connoîtront de toutes caufes, inftances & procès, nonobftant toutes lois & règlemens à ce contraires, jufqu'à ce qu'il ait été autrement ftatué à cet égard.

2°. Que le préfident fe retirera par-devers le roi, pour lui demander fa fanction fur ce décret, & le fupplier de faire expédier toutes lettres & ordres à ce néceffaires.

DÉCRET du 28 décembre 1789,

Sanctionné le 30,

Concernant la jurifdiction des municipalités.

L'Affemblée nationale décrète que dans les provinces où les officiers municipaux font en poffeffion d'exercer les fonctions de la jurifdiction contentieufe & volontaire, ceux qui vont être élus exerceront, par provifion, les mêmes fonctions comme par le paffé, jufqu'à la nouvelle organifation du code judiciaire.

Arrêté en outre que M. le préfident préfentera dans

K 4

le jour ce décret à la sanction de sa majesté, pour le sanctionner.

Voyez au code féodal, le décret du 15 mars 1790, qui supprime les droits féodaux, & dans lequel se trouvent plusieurs dispositions relatives à l'effet de cette suppression, quant à l'ordre judiciaire civil, en ce qui touche les anciens droits des fiefs.

DÉCRET du 27 mai 1790,

Sanctionné le 28,

Portant qu'il sera sursis à toute saisie-exécution & vente de fruits, meubles & autres poursuites contre les corps & communautés ecclésiastiques.

L'Assemblée nationale a décrété & décrète :

ARTICLE PREMIER.

Il sera sursis à toute saisie-exécution, vente de fruits, de meubles, & autres poursuites généralement quelconques, contre les corps & communautés ecclésiastiques, réguliers & séculiers, jusqu'à ce qu'il en ait été autrement ordonné ; & tous les meubles & effets mobiliers qui pourroient avoir été saisis, seront laissés à la garde desdits corps & communautés, qui en rendront compte ainsi qu'il appartiendra.

ART. II.

Tous ceux qui sont ou se prétendront créanciers d'aucun desdits corps & communautés, seront tenus de remettre aux assemblées administratives de leur département, leurs titres de créances, pour y être examinés, & ensuite pourvu à leur paiement.

Art. III.

A dater du jour de la publication du préfent décret, & pendant quatre mois après la formation des diftricts & dé-partemens, il fera pareillement furfis à l'inftruction & au jugement de toutes caufes, inftances & procès mus & à mouvoir entre quelques perfonnes que ce foit, concernant les fonds & droits qui ont été déclarés être à la difpofi-tion de la nation.

Voyez dans le code de l'aliénation des domaines nationaux, le décret du premier juillet 1791, concernant la prefcription, & celui du 23 octobre 1790.

DÉCRET des 14 & 18 octobre 1790,

Sanctionné le 26 du même mois,

Sur la procédure à fuivre devant les juges-de-paix.

L'Affemblée nationale décrète ce qui fuit :

Voyez fur tout ce décret, le décret du 16 août 1790, titre III, au code judiciaire général, ou première partie de ce recueil, p. 23.

TITRE PREMIER.

Des Citations.

ARTICLE PREMIER.

Toute citation devant les juges-de-paix fera faite en vertu d'une cédule du juge, qui énoncera fommairement l'objet de la demande, & défignera le jour & l'heure de la comparution.

Art. II.

Le juge-de-paix délivrera cette cédule à la requifition du demandeur ou de fon porteur de pouvoirs, après avoir entendu l'expofition de fa demande.

Art. III.

En matières purement perfonnelles & mobiliaires, la cédule de citation fera demandée au juge du domicile du défendeur.

Art. IV.

Elle fera demandée au juge de la fituation de l'objet litigieux, lorfqu'il s'agira :

1°. Des actions pour dommages faits, foit par les hommes, foit par les animaux, aux champs, fruits & récoltes ;

2°. Des déplacemens de bornes, des ufurpations de terres, arbres, haies, foffés & autres clôtures, commifes dans l'année ; des entreprifes fur les cours d'eau fervans à l'arrofement des prés, commifes pareillement dans l'année, & de toutes autres actions poffeffoires ;

3°. Des réparations locatives des maifons & fermes ;

4°. Des indemnités prétendues par le fermier ou locataire pour non-jouiffance, lorfque le droit de l'indemnité ne fera pas contefté ; & des dégradations alléguées par le propriétaire.

Art. V.

La notification de la cédule de citation fera faite à la partie pourfuivie, par le greffier de la municipalité de fon domicile, ou celui qui fera commis pour le remplacer, qui lui en remettra copie, ou la laiffera à ceux qu'il aura trouvés en fa maifon, ou l'affichera à la porte de la maifon, s'il n'y a trouvé perfonne. Le greffier fera mention du tout, fignée de lui, au bas de l'original de la cédule.

En cas de maladie, d'abfence, ou autre empêchement du greffier, les officiers municipaux feront tenus d'en commettre un autre.

Voyez dans le code judiciaire général, le décret du 6 mars 1791, art. 6.

A r t. V I.

Les cédules de citation & leur notification feront écrites fur papier timbré dans les départemens où le timbre eft établi, tant qu'il n'en aura pas été autrement ordonné; & ne feront fujettes ni aux droits, ni à la formalité du contrôle.

Voyez au code des contributions publiques, le décret du 5 décembre 1790 fur l'enregiftrement, & celui du 7 février 1791 fur le timbre.

A r t. V I I.

Il y aura un jour franc au moins, entre celui de la notification de la cédule de citation, & le jour indiqué pour la comparution, fi la partie citée eft domiciliée dans le canton ou dans la diftance de quatre lieues.

Il y aura au moins trois jours francs, fi la partie eft domiciliée dans le canton ou dans la diftance depuis quatre lieues jufqu'à dix; au-delà, il fera ajouté un jour pour dix lieues.

Dans le cas où les délais ci-deffus n'auront pas été obfervés, fi le défendeur ne comparoît pas au jour pour lequel il aura été cité, le juge-de-paix ordonnera qu'il foit réaffigné.

A r t. V I I I.

Les délais ci-deffus pourront être abrégés par le juge-de-paix, dans les cas très-urgens où il y auroit péril dans le retardement.

A r t. IX.

Si au jour de la première comparution , le défendeur
demande à mettre un garant en caufe, le juge-de-paix
lui délivrera une cédule de citation , dans laquelle il fixera
le délai de comparoître , relativement à la diftance du
domicile du garant.

A r t. X.

Il n'y aura plus lieu à la mife en caufe du garant ;
fi la demande n'en a été formée au jour de la première
comparution du défendeur ; & celle qui auroit été accordée demeurera comme non-avenue , fi elle n'a pas été
notifiée au garant à temps utile, pour l'obliger de comparoître au jour indiqué : fauf au défendeur à pourfuivre
l'effet de la garantie, s'il y a lieu, féparément de la caufe
principale.

A r t. X I.

Les parties pourront toujours fe préfenter volontairement & fans citation devant le juge-de-paix , en déclarant
qu'elles lui demandent jugement ; auquel cas il pourra
juger fur leur différend , foit fans appel dans les matières
où fa compétence eft en dernier reffort, foit à charge d'appel
dans celles qui excèdent fa compétence en dernier reffort ;
& cela encore qu'il ne fût le juge naturel des parties ,
ni à raifon du domicile du défendeur , ni à raifon de
la fituation de l'objet litigieux.

La déclaration des parties , par laquelle elles auront
volontairement faifi le juge-de-paix , fera reçue par écrit
devant ce juge , & fignée par les parties , ou mention fera
faite fi elles ne peuvent pas figner.

Sur les frais de la notification des citations , voyez ci-deffous le
titre IX.

TITRE II.

De la récusation des juges-de-paix.

ARTICLE PREMIER.

Les juges-de-paix ne pourront être récusés que quand ils auront un intérêt personnel à l'objet de la contestation, ou quand ils seront parens ou alliés d'une des parties jusqu'au dégré de cousin issu de germain.

ART. II.

La partie qui voudra récuser un juge-de-paix, sera tenue de former la récusation & d'en exposer les motifs par un acte qu'elle déposera au greffe du juge-de-paix, dont il sera donné par le greffier une reconnoissance faisant mention de la date du dépôt.

ART. III.

Le juge-de-paix sera tenu de donner au bas de cet acte, dans le délai de deux jours, sa déclaration par un écrit portant, ou son acquiescement à la récusation, ou son refus de s'abstenir, avec ses réponses aux moyens de récusation allégués contre lui.

ART. IV.

Les deux jours étant expirés, l'acte de récusation sera remis par le greffier à la partie récusante, soit que le juge-de-paix ait passé sa déclaration au bas de cet acte ou non. Il en sera donné décharge au greffier par la partie, si elle sait signer; & si elle ne sait pas signer, le greffier fera la remise, & en dressera le procès-verbal en présence de deux témoins qui signeront ce procès-verbal avec lui.

A r t. V.

Lorsque le juge-de-paix aura déclaré acquiescer à la récusation, ou n'aura passé aucune déclaration, il ne pourra rester juge, & sera remplacé par l'un des assesseurs qui connoîtra de l'affaire avec l'assistance de deux autres assesseurs.

A r t. V I.

Si le juge-de-paix conteste l'acte de récusation & déclare qu'il entend rester juge, le jugement de la récusation sera déféré au tribunal de district, qui y fera droit sur les simples mémoires des deux parties plaidantes, sans forme de procédure & sans frais.

T I T R E I I I.

De la comparution devant le juge-de-paix.

A r t i c l e p r e m i e r.

Au jour fixé par la citation, ou convenu entre les parties, au cas qu'elles aient consenti de se passer de citation, elles comparoîtront en personne, ou par leur fondé de pouvoirs, devant le juge-de-paix, sans qu'elles puissent fournir aucunes écritures, ni se faire représenter ou assister par aucunes des personnes qui, à quelque titre que ce soit, sont attachées à l'ordre judiciaire.

Conférez l'article 16 du décret du 6 mars 1791, au code judiciaire général.

A r t. I I.

Si, après une citation notifiée, l'une des parties ne comparoît pas au jour indiqué, la cause sera jugée par défaut, à moins qu'il n'y ait lieu à la réaſſignation du défendeur, au cas de l'article 7 du titre précédent.

A r t. I I I.

La partie condamnée par défaut pourra former oppoſition au jugement dans les trois jours francs de ſa ſignification, en vertu d'une cédule qu'elle obtiendra du juge-de-paix, & qu'elle fera notifier à l'autre partie, ainſi qu'il eſt dit au titre précédent pour les cédules de citation.

A r t IV.

La partie oppoſante qui ſe laiſſeroit juger une ſeconde fois par défaut ſur ſon oppoſition, ne ſera plus reçue à former une oppoſition nouvelle ; & les tribunaux de diſtrict ne pourront, dans aucun cas, recevoir l'appel d'un jugement du juge-de-paix lorſqu'il aura été rendu par défaut, ſi ce n'eſt qu'il fût en contravention à l'article 7 du titre VI ci-après.

A r t. V.

Si un abſent eſt condamné par un premier jugement rendu par défaut, le délai de l'oppoſition ſera prorogé par le juge-de-paix, ſoit d'office, s'il connoît par lui-même la juſtice de cette prorogation, ſoit ſur les repréſentations qui lui ſeront faites au nom de l'abſent ; & dans le cas où la prorogation n'auroit été ni accordée ni demandée, l'abſent pourra encore être relevé de la rigueur du délai, & ſon oppoſition reçue, en juſtifiant que ſon abſence a été telle qu'il n'ait pas pu être inſtruit de la procédure.

A r t. V I.

Lorſque les deux parties ou leurs fondés de pouvoirs

comparoîtront, elles feront entendues contradictoirement par elles-mêmes ou par leurs fondés de pouvoirs ; & la caufe pourra être jugée fur-le-champ , fi le juge-de-paix & fes affeffeurs fe trouvent fuffifamment inftruits.

A r t. VII.

Il y aura lieu à juger fur-le-champ , toutes les fois qu'il ne fera pas néceffaire pour l'entier éclairciffement de la caufe , foit d'accorder à une des parties un délai pour préfenter des pièces dont elle ne fe trouveroit pas faifie , foit d'ordonner une enquête ou la vifite d'un lieu contentieux.

TITRE IV.

Des Enquêtes.

A r t i c l e   p r e m i e r.

Si les parties font contraires en faits qui foient de nature à être conftatés par témoins , & dont le juge-de-paix & fes affeffeurs trouvent la vérification utile & admiffible , le juge-de-paix avertira les parties qu'il y a lieu de procéder par enquêtes , & les interpellera de déclarer fi elles veulent faire preuve de leurs faits par témoins.

A r t. I I.

Lorfque fur cet avertiffement, les parties , ou l'une d'elles requerront d'être admifes à faire preuve par témoins , le juge-de-paix, de l'avis de fes affeffeurs, ordonnera la preuve , & en fixera précifément l'objet.

A r t. I I I.

Les témoins feront toujours entendus en préfence des
deux

deux parties, à moins que l'une d'elles ne soit défaillante au jour indiqué pour leur audition ; & elles pourront fournir leur reproche, soit avant, soit après les dépositions.

A R T. I V.

Il sera procédé au jugement définitif aussitôt après l'audition des témoins, sans qu'il soit nécessaire de faire écrire la prestation du serment des témoins, les reproches ni les dépositions dans les causes où le juge-de-paix prononce en dernier ressort; mais les uns & les autres seront écrits par le greffier dans les causes sujettes à l'appel. Dans les premières, les assesseurs seront toujours présens à l'audition des témoins ; & dans les secondes, ils pourront, à volonté, ou y assister, ou s'en abstenir.

A R T. V.

Dans tous les cas où la vue du lieu est utile pour que les dépositions des témoins soient faites & entendues avec plus de sûreté, & spécialement dans les actions pour déplacement de bornes, pour usurpation de terres, arbres, haies, fossés, ou autres clôtures, & pour entreprises sur les cours d'eau, le juge-de-paix sera tenu de se transporter sur le lieu, & d'ordonner que les témoins y seront entendus.

T I T R E V.

Des visites de lieu & des appréciations.

A R T I C L E P R E M I E R.

Lorsqu'il s'agira, soit de constater l'état des lieux dans les cas d'entreprises, de dommages, de dégradations, & autres de cette nature, soit d'apprécier la valeur des indemnités & dédommagemens demandés, le juge-de-paix

Code judiciaire général. L

& ſes aſſeſſeurs ordonneront que le lieu contentieux ſera viſité par eux en préſence des parties.

Art. II.

Si le juge-de-paix & ſes aſſeſſeurs trouvent que l'objet de la viſite ou de l'appréciation exige des connoiſſances qui leur ſoient étrangères, ils ordonneront que des gens de l'art, qu'ils nommeront par le même jugement, feront la viſite avec eux, & leur donneront leur avis.

Art. III.

Dans le cas où les aſſeſſeurs qui auront concouru au jugement qui ordonne la viſite, ou l'un d'eux, ne ſe trouveroient pas ſur le lieu contentieux au jour & à l'heure indiqués, le juge-de-paix appelleroit un ou deux aſſeſſeurs pris parmi les prud'hommes nommés dans la municipalité du lieu où ſe fera la viſite.

Art. IV.

Il ne ſera pas néceſſaire de faire écrire le procès-verbal de viſite, ni l'avis des gens de l'art, dans les cauſes où le juge-de-paix peut prononcer en dernier reſſort ; ils ſeront écrits par le greffier, ſeulement dans les cauſes ſujettes à l'appel.

TITRE VI.

Des jugemens préparatoires.

ARTICLE PREMIER.

Aucun jugement préparatoire ou d'inſtruction, rendu contradictoirement entre les parties, & prononcé en leur préſence, ne ſera délivré à aucune d'elles ; mais ſa prononciation vaudra fignification : elle vaudra auffi intimation dans le cas où le jugement ordonnera une opération à laquelle les parties devront être préfentes, & elles en feront averties par le juge-de-paix.

A R T. I I.

Lorfque le jugement préparatoire aura été rendu par défaut contre une des parties, ou lorfqu'après s'être défendue contradictoirement, elle n'aura pas été préfente à la prononciation du jugement, la partie qui l'aura obtenu fe le fera délivrer par extrait, & fera tenue de le faire notifier à l'autre partie, avec fommation d'être préfente à l'opération ordonnée.

A R T. I I I.

Si le jugement préparatoire ordonne une enquête, il fixera le jour, le lieu & l'heure de la comparution des témoins. Le juge-de-paix délivrera auffitôt aux parties qui auront requis la preuve, une cédule de citation pour faire venir leurs témoins, dans laquelle la mention du jour, du lieu & de l'heure de la comparution, fera réitérée.

Sur la notification de cette citation, voyez le titre premier du préfent décret.

A R T. I V.

Si le jugement préparatoire ordonne la vifite du lieu contentieux, il indiquera de même le jour & l'heure où le juge-de-paix & fes affeffeurs s'y transporteront, & où les parties devront s'y trouver préfentes.

A R T. V.

Lorfque le juge-de-paix & fes affeffeurs auront nommé

des gens de l'art pour faire la visite avec eux, aux termes
de l'art. 2 du titre précédent, le juge-de-paix délivrera
à la partie poursuivante, ou à toutes les deux, si elles
le requièrent également, une cédule de citation pour faire
venir les experts nommés, dans laquelle le jour, le lieu &
l'heure de la visite seront indiqués.

Art. VI.

Toutes les fois que le juge-de-paix se transportera sur
le lieu contentieux, soit pour en faire la visite, soit pour
y entendre les témoins, il sera accompagné du greffier,
qui apportera la minute du jugement par lequel la visite
ou l'enquête a été ordonnée.

Art. VII.

Dans les causes où les juges-de-paix ne prononcent
point en dernier ressort, il n'y aura lieu à l'appel des
jugemens préparatoires, qu'après le jugement définitif,
& conjointement avec l'appel de ce jugement ; mais l'exécution des jugemens préparatoires ne portera aucun préjudice aux droits des parties sur l'appel, sans qu'elles
soient obligées de faire à cet égard aucune protestation
ni réserve.

TITRE VII.

Des jugemens tant préparatoires que définitifs.

ARTICLE PREMIER.

Les juges-de-paix n'auront point de costume particulier ;
ils pourront juger, tous les jours, même ceux de dimanche
& de fête, le matin & l'après-midi.

Voyez cependant sur le costume, l'article 12 du décret du
6 mars 1791.

Art. II.

Ils pourront donner audience chez eux, en tenant les portes ouvertes ; & lorsqu'ils iront visiter le lieu contentieux, ils pourront juger sur le lieu même sans désemparer.

Art. III.

Les parties seront tenues de s'expliquer avec modération devant le juge-de-paix & ses assesseurs, & de garder en tout le respect qui est dû à la justice. Si elles y manquent, le juge-de-paix les y rappellera d'abord par un avertissement, après lequel, si elles récidivent, elles pourront être condamnées à une amende qui n'excédera pas la somme de 6 livres, avec l'affiche du jugement.

Art. IV.

Dans le cas d'une insulte ou irrévérence grave commise envers le juge-de-paix personnellement, ou envers les assesseurs en fonctions, il en sera dressé procès-verbal. Le coupable sera envoyé par le juge-de-paix à la maison d'arrêt du district, & sera jugé par le tribunal de district, qui pourra le condamner à la prison jusqu'à huit jours, suivant la gravité du délit, & par forme de correction seulement.

Art. V.

Le juge-de-paix & ses assesseurs pourront ordonner que les pièces & actes dont les parties se seront respectivement servies pour leur défense, leur soient remises, soit pour les examiner en présence des parties, soit pour en délibérer hors de la présence des parties, à charge de procéder incontinent à cette délibération & au jugement.

L 3

A r t. V I.

Ils auront la même faculté de délibérer en l'absence
des parties, dans tous les autres cas où ils jugeront nécessaire de se recueillir ensemble avant de former leur
opinion.

A r t. V I I.

Les parties seront tenues de mettre leur cause en état
d'être jugée définitivement, au plus tard dans le délai de
quatre mois, à partir du jour de la notification de la citation, après lequel l'instance sera périmée de droit, &
l'action éteinte. Le jugement que le juge-de-paix rendroit
ensuite sur le fond, seroit sujet à l'appel, même dans les
matières où il a droit de prononcer en dernier ressort ;
& annullé par le tribunal du district.

T I T R E VIII.

Des minutes & de l'expédition des jugemens.

A R T I C L E P R E M I E R.

Chaque affaire portée devant le juge-de-paix à la suite
d'une citation, sera enregistrée & numérotée par le greffier, dans un registre tenu à cet effet, coté & paraphé par
le juge-de-paix à toutes les pages : mention sera faite de
la date de chaque enregistrement.

A r t. I I.

Il en sera usé de même pour toutes les affaires sur lesquelles les parties se présenteront volontairement devant
le juge-de-paix, sans citation.

A r t. I I I.

Le greffier fera, pour chaque affaire, une minute
détachée & particulière, portant le même numéro que
celui de l'enregistrement ci-deſſus, ſur laquelle minute
feront inſcrits ſucceſſivement & à l'ordre de leur date,
tous les jugemens préparatoires, tous les autres actes d'inſtruction dans les affaires ſujettes à l'appel, & enſuite le
jugement définitif : de manière que cette minute préſente,
avec le jugement, le tableau de l'inſtruction qui l'aura
précédé.

A r t. I V.

Toutes ces minutes feront miſes en liaſſe par le greffier, à meſure qu'elles feront commencées ; & à la fin
de chaque année, toutes celles dont les affaires feront
définitivement jugées, ou autrement terminées, feront
raſſemblées en forme de regiſtres. Ce regiſtre fera dépoſé au greffe du tribunal du diſtrict, & il en fera donné
reconnoiſſance au greffier du juge-de-paix pour ſa décharge.

A r t. V.

Le greffier du juge-de-paix déſignera ſur ſon regiſtre,
dont il eſt parlé dans l'article premier ci-deſſus, par une
note en marge de chacune des affaires qui y feront inſcrites,
celles dont les minutes auront été raſſemblées dans le
regiſtre dépoſé à la fin de l'année au greffe du tribunal de diſtrict, & celles dont les minutes feront reſtées entre ſes mains.
Il continuera d'être reſponſable de ces dernières, juſqu'à ce
que les affaires qu'elles concernent, aient été jugées définitivement, ou qu'autrement terminées, elles ſoient
entrées dans un regiſtre dépoſé au greffe du tribunal du
diſtrict.

A r t. V I.

Lorſqu'il n'y aura pas d'appel d'un jugement définitif,

il suffira de délivrer ce jugement seul pour le faire mettre à exécution ; mais lorsqu'il y aura appel, le greffier délivrera une expédition de la minute entière, contenant la série des jugemens préparatoires, enquêtes, procès-verbaux de visite, & autres actes qui ont formé l'instruction de l'affaire.

A r t. V I I.

Ces délivrances seront signées du juge-de-paix & du greffier, scellées gratuitement du sceau du juge-de-paix, & ne seront sujettes ni à la formalité ni à aucun droit de contrôle.

Voyez dans le code des contributions publiques, le décret du 5 décembre 1790, sur l'enregistrement ; & celui du 7 février 1791, sur le timbre.

A r t. V I I I.

Les directoires de district feront graver des sceaux, portant un écu oval, sur lequel seront écrits ces mots : *juges-de-paix*, avec le nom du canton en entourage, entre l'écu & le cordon du sceau ; & ils remettront deux de ces sceaux à chacun des juges-de-paix.

T I T R E IX.

Des dépens.

A r t i c l e p r e m i e r.

Les dépens qui seront adjugés à la partie qui aura gagné sa cause, seront réduits à ceux qui seront ci-après réglés, lorsque cette partie sera domiciliée dans le canton, ou aura été représentée par un fondé de pouvoirs, domicilié dans le canton.

A r t. I I.

Il ne pourra être exigé des parties, ni taxé en dépens, que les sommes ci-après : savoir,

Pour chaque notification de citation, ou signification du jugement, une livre.

Pour la délivrance d'un jugement définitif, une livre.

Pour chacun des jugemens préparatoires, enquêtes ou procès-verbaux de visite, délivrés avec le jugement définitif en cas d'appel, 10 sols.

Pour la délivrance séparée d'un jugement préparatoire rendu contre une partie défaillante au cas de l'article 2 du titre VI ci-dessus, 15 sols.

Pour la vacation du greffier, assistant le juge-de-paix lorsqu'il se transportera sur le lieu, une livre.

Pour la vacation des gens de l'art, lorsqu'ils seront appelés par le juge-de-paix, s'ils ont employé la journée entière, y compris l'aller & le retour, à chacun 3 livres.

Et s'ils n'ont employé qu'un demi-jour, à chacun une livre 10 sols.

Le juge-de-paix pourra augmenter cette dernière taxe, relativement aux gens de l'art d'une capacité plus distinguée.

A r t. I I I.

Les notifications des citations aux témoins ou aux gens de l'art, s'ils sont domiciliés dans la même municipalité, seront faites par le greffier de cette municipalité. Il sera payé & taxé 20 sols pour la première de ces notifications, & 10 sols pour chacune des notifications subséquentes, faites à des domiciles différens.

Si les témoins ou les gens de l'art sont domiciliés en plusieurs municipalités, les citations pourront être faites ou par les greffiers de ces municipalités, chacun dans son

territoire, ou par un huissier exploitant dans toutes. Il sera
payé & taxé de même 20 sols pour la première notification
faite en chaque municipalité, & 10 sols pour chacune
des notifications faites à des domiciles différens dans l'é-
tendue de la même municipalité.

A R T.   I V.

La partie à laquelle les dépens auront été adjugés,
sera tenue, lorsqu'elle requerra la délivrance d'un jugement, de remettre au greffier les originaux de notification des différentes citations qu'elle aura fait faire, tant
à sa partie, qu'aux témoins ou aux gens de l'art; & l'expédition du jugement exprimera le résultat de la taxe des
dépens qui seront liquidés par le juge, y compris le coût
de la délivrance & de la signification du jugement.

T I T R E X.

Dispositions particulières pour les juges-de-paix des villes.

A R T I C L E   P R E M I E R.

Tout ce qui est contenu aux titres précédens aura également lieu pour les juges-de-paix tant des villes que
des campagnes, à l'exception des dispositions suivantes,
qui ne concernent que les juges-de-paix des villes.

A R T.   I I.

Les juges-de-paix des villes désigneront trois jours au
moins par semaine, auxquels ils vaqueront à l'expédition
& au jugement des affaires contentieuses ; & cependant ils
seront tenus d'entendre tous les autres jours celles qui exi-
geront une plus grande célérité, & celles pour lesquelles
les parties se présenteroient volontairement sans citation.

Art. III.

Ils pourront commettre un des huissiers ordinaires domiciliés dans leur arrondissement, ou au moins dans la
ville, pour être attaché au service de leur jurisdiction.

Art. IV.

Le nombre des prud'hommes pourra être porté jusqu'à
six dans l'arrondissement de chaque juge-de-paix : deux
seront de service alternativement tous les deux mois ; &
pendant ce temps aucun des deux ne pourra s'absenter
sans s'être assuré d'un de ses collégues pour le remplacer.

Art. V.

Les citations seront faites devant les juges-de-paix par
le ministère de leur huissier, dans la forme ordinaire
des exploits, sans qu'il soit nécessaire d'obtenir une cédule
du juge-de-paix ; & elles indiqueront le jour & l'heure
à laquelle les parties devront comparoître.

Art. VI.

L'huissier rapportera à chaque audience les originaux
des citations qu'il aura faites, sur lesquels il appelera
les causes par ordre de priorité, suivant les dates des citations ; & s'il y a quelques affaires qui n'aient pas été en
tour d'être appelées à la première audience, elles seront
remises à la prochaine, & appelées les premières.

DÉCRET du 19 octobre 1790,

Sanctionné le 23,

Qui autorise la municipalité de Paris à commettre provisoirement un greffier & des commis - greffiers pour l'expédition des arrêts du ci - devant parlement de Paris.

L'Assemblée nationale, après avoir entendu le rapport de son comité de constitution, décrète ce qui suit :

ARTICLE PREMIER.

La municipalité de Paris commettra provisoirement un greffier & des commis-greffiers en nombre suffisant pour procéder à l'expédition des arrêts du ci-devant parlement de Paris, sur les demandes qui en seront faites par les parties. Ce greffier & les commis-greffiers prêteront serment devant elle, & rendront à l'administration des domaines, en présence d'un officier municipal, compte de clerc-à-maître du produit des expéditions, qui, jusqu'à ce qu'il en ait été autrement ordonné, continueront d'être payées selon les formes actuelles & sur le pied de l'ancien tarif. La signature du greffier & des commis-greffiers rendra les arrêts exécutoires.

ART. II.

Les officiers municipaux feront immédiatement après, la reconnoissance & la levée du scellé sur les dépôts qui contiennent les minutes des arrêts rendus en la présente année 1790, & dans les cinq années antérieures. Ces minutes seront confiées à la garde du greffier & des commis-greffiers provifoires, qui en demeureront chargés & refponfables.

A r t. I I I.

Les greffiers aux expéditions des arrêts du parlement de Paris , & tous autres dépofitaires ou détenteurs de minutes d'arrêts , feront tenus , dans le délai de trois jours à compter de la publication du préfent décret, de paffer devant la municipalité de Paris déclaration des minutes d'arrêts qui fe trouvent entre leurs mains. Faute par eux de faire cette déclaration , & de remettre les minutes au dépôt entre les mains des greffiers ou commis-greffiers établis par l'article précédent, ils y feront contraints par corps ; & la contrainte fera prononcée par le tribunal actuel de police.

A r t. I V.

Le tribunal de police actuel de la ville de Paris connoîtra provifoirement, à la charge de l'appel, des affaires portées ci-devant à la *chambre de la maree* ; mais des conteftations qui auront lieu dans la ville de Paris feulement. Ses jugemens en cette matière feront exécutoires par provifion , nonobftant l'appel , en donnant caution.

EXTRAIT du décret du 15 novembre 1790,

Sanctionné le 24 du même mois,

Relatif à l'élection & à la consécration des évêques, & à la formation & circonscription des paroisses, en ce qui concerne la forme du jugement des appels comme d'abus.

L'Assemblée nationale, après avoir entendu le rapport de son comité ecclésiastique, décrète ce qui suit :

ARTICLE PREMIER.

A la première convocation qui se fera des assemblées électorales, celles des départemens dont le siége se trouvera vacant, procéderont à l'élection d'un évêque.

ART. II.

Si le métropolitain, ou, à son défaut, le plus ancien évêque de l'arrondissement, refuse de lui accorder la confirmation canonique, l'élu se présentera à lui, assisté de deux notaires; il le requerra de lui accorder la confirmation canonique, & se fera donner acte de sa réponse, ou de son refus de répondre.

ART. III.

Si le métropolitain ou le plus ancien évêque de l'arrondissement, persiste dans son premier refus, l'élu se présentera en personne, ou par son fondé de procuration, & successivement, à tous les évêques de l'arrondissement, chacun suivant l'ordre de leur ancienneté, toujours assisté de deux notaires. Il leur exhibera le procès-verbal ou les procès-verbaux des refus qu'il aura essuyés ; & il les suppliera de lui accorder la confirmation canonique.

A r t. I V.

Au cas qu'il ne se trouve dans l'arrondissement aucun évêque qui veuille accorder à l'élu la confirmation canonique, il y aura lieu à l'appel comme d'abus.

A r t. V.

L'appel comme d'abus sera porté au tribunal du district dans lequel sera situé le siége épiscopal auquel l'élu aura été nommé ; & il sera jugé en dernier ressort.

A r t. V I.

L'élu sera tenu d'interjeter son appel comme d'abus, au plus tard dans le délai d'un mois, à compter de la date du procès-verbal qui constatera le refus des évêques de l'arrondissement, & de le mettre en état d'être jugé dans le mois ensuivant, à peine de déchéance.

A r t. V I I.

Il ne sera intimé sur l'appel comme d'abus, d'autre partie que le commissaire du roi près du tribunal de district ; & cependant les évêques dont le refus aura donné lieu à l'appel comme d'abus, auront la faculté d'intervenir sur l'appel pour justifier le refus, mais sans que l'intervention puisse, en aucun cas, retarder le jugement qui seroit intervenu, sous prétexte qu'ils n'y auroient pas été parties.

A r t. V I I I.

Si le tribunal de district déclare qu'il n'y a pas d'abus dans le refus, il ordonnera que son jugement sera, à la requête du commissaire du roi, signifié au procureur-général-syndic du département, pour, par lui, convoquer incessamment l'assemblée électorale, à l'effet de procéder à une nouvelle élection de l'évêque.

A R T. I X.

Si le tribunal de district déclare qu'il y a abus dans le refus, il enverra l'élu en possession du temporel, & nommera l'évêque auquel il sera tenu de se présenter pour le supplier de lui accorder la confirmation canonique.

A R T. X.

Lorsque, sur le refus du métropolitain & des autres évêques de l'arrondissement, l'élu aura été obligé de se retirer devers un évêque d'un autre arrondissement pour avoir la confirmation canonique, la consécration pourra se faire par l'évêque qui lui aura accordé ladite confirmation canonique.

A R T. X I.

Pareillement, lorsque le siége de l'évêque consécrateur sera d'un autre arrondissement que celui de l'élu, la consécration pourra se faire dans l'église cathédrale de l'évêque consécrateur, ou dans telle autre église qu'il jugera à propos.

Les autres articles regardent la circonscription des paroisses. On peut voir le décret entier au code ecclésiastique.

Voyez au code rural, le décret du 26 décembre 1790, relatif au desséchement des marais. Il contient quelques dispositions sur les formes à suivre dans l'instruction des contestations qui peuvent s'élever à ce sujet.

Ier DÉCRET

Ier Décret du 29 janvier 1791,

Sanctionné le 9 février suivant,

Relatif à l'apposition des scellés à Paris, aux procès-verbaux, & ordonnances de référé, aux comptes, partages, liquidations & criées au châtelet de Paris.

L'Assemblée nationale, après avoir entendu le rapport de son comité de constitution sur quelques dispositions nécessaires à l'activité des six tribunaux du département de Paris, décrète ce qui suit :

ARTICLE PREMIER.

Les scellés apposés par les commissaires au ci-devant châtelet de Paris, avant l'installation des tribunaux, seront reconnus & levés par les juges-de-paix, lesquels leveront également ceux qui ont été apposés par ordonnance de justice, sur les titres, papiers & effets des accusés, à la charge d'appeler au procès-verbal de perquisition deux adjoints notables, & sans qu'il soit besoin de la présence d'aucun juge.

Il sera néanmoins libre aux parties intéressées, d'appeler à la reconnoissance des scellés les différens commissaires qui les auront apposés ; & dans ce cas les commissaires seront payés par les parties requérantes.

ART. II.

Tous référés relatifs, soit à l'apposition des scellés, soit aux incidens qui peuvent naître sur l'exécution des jugemens, seront portés devant l'un des juges du tribunal dans le territoire duquel le scellé sera posé, ou le jugement exé-

Code judiciaire général. M

cuté, lefquels juges feront, à tour de rôle, chargés de ce travail. A la fin de chaque mois, les procès-verbaux ou ordonnances de référé feront dépofés au greffe du tribunal.

ART. III.

Quant aux comptes, partages, & liquidations envoyés par jugement du ci-devant châtelet devant les commiffaires à ce tribunal, les actes pourront être achevés par les mêmes commiffaires, nonobftant la fuppreffion de leurs offices, & en vertu de la préfente attribution.

ART. IV.

Les biens dont l'adjudication fe pourfuit au châtelet de Paris, même en vertu d'attribution particulière, & pour lefquels il y a, foit un jugement de remife à jour fixe, foit une adjudication, fauf quinzaine, foit un jugement qui ordonne l'adjudication à jour fixe, feront adjugés aux jours indiqués ; &, à cet effet, chacun des fix tribunaux du département de Paris, à commencer par le premier arrondiffement, députera chaque femaine, & par tour, jufqu'à la fin defdites adjudications, l'un de fes cinq juges : lequel tiendra fa féance à l'audience des criées du ci-devant châtelet, aux jours & heures accoutumés.

ART. V.

Les ci-devant greffiers des criées y continueront leurs fonctions jufqu'à la fin de ces adjudications feulement, nonobftant la fuppreffion de leurs offices, & en vertu de la préfente attribution.

Voyez ci-deffous le décret du 6 mars 1791.

IIe Décret du 29 janvier 1791,

Sanctionné le 11 février suivant,

Qui statue sur les inventaires, comptes, partages ou liquidations, les fonctions d'avoués, liquidations, règlemens & taxes des dépens.

L'Assemblée nationale, après avoir entendu son comité de constitution, décrète ce qui suit:

ARTICLE PREMIER.

S'il y a lieu de faire des inventaires, comptes, partages & liquidations, dans lesquels se trouvent intéressés des absens, qui ne soient défendus par aucun fondé de procuration, la partie la plus diligente s'adressera au tribunal de district, lequel commettra d'office un notaire, qui procédera à la confection desdits actes.

Voyez dans l'appendice à cette partie, le décret concernant les notaires, du 29 septembre 1791, titre I, section seconde, art. 7.

Ce même décret contenoit plusieurs dispositions sur les avoués; mais l'Assemblée a ordonné qu'elles seroient classées avec d'autres articles précédemment arrêtés sur le même objet: le tout formant un décret de la date du 29 janvier 1791, que j'ai rapporté au *code judiciaire général*, ou première partie de ce recueil, p. 175 & suiv.

———

M 2

DÉCRET des 11 & 12 Février 1791,

Sanctionné le 18 du même mois,

Concernant les requêtes civiles.

L'Assemblée nationale décrète ce qui suit :

ARTICLE PREMIER.

Les requêtes civiles seront, de la même manière & dans les mêmes formes que les appels, portées à l'un des sept tribunaux d'arrondissement. Au surplus, jusqu'à ce qu'il ait été autrement statué, toutes les autres dispositions de l'ordonnance de 1667, relatives aux requêtes civiles, continueront d'être exécutées. L'avis de trois hommes de loi sera signifié en tête de l'exploit du demandeur en requête civile.

ART. II.

Lorsque le rescindant aura été jugé, & la requête civile admise, si les parties ne conviennent pas respectivement du tribunal où elles feront juger le rescisoire, elles ne pourront le porter ni au tribunal dont le jugement en dernier ressort aura été annullé par l'admission de la requête civile, ni à celui qui l'aura admise. Les directoires de district ajouteront sur le tableau des sept tribunaux d'arrondissement, deux tribunaux qui serviront, dans le cas des requêtes civiles, à compléter le nombre des sept tribunaux. La fixation du tribunal qui jugera en dernier ressort le rescisoire, sera faite dans la forme prescrite par le titre V du décret sur l'organisation de l'ordre judiciaire. Les déclarations nécessaires pour parvenir à la fixation du tribunal, seront faites au greffe de celui qui aura prononcé sur la requête civile.

Le décret cité est celui du 16 août 1790, rapporté dans la première partie du code judiciaire général. Voyez le titre V, p. 50.

Art. III.

Pour les requêtes civiles qui étoient pendantes dans les tribunaux supprimés, ou celles qui pourront être présentées contre les jugemens rendus par ces anciennes cours, les parties se retireront au greffe du tribunal de district, qui, suivant le nouvel ordre judiciaire, connoîtroit de l'affaire en première instance ; & dans les formes prescrites par les décrets sur la faculté de relever l'appel, on déterminera celui des tribunaux d'arrondissement qui prononcera sur la requête civile.

Le temps qui sera écoulé depuis le premier février 1790, jusqu'à l'expiration de la quinzaine qui suivra la publication du présent décret, ne sera point compté dans les délais fixés par l'ordonnance, pour se pourvoir en requête civile.

Joignez à ce décret celui du 28 avril 1791, qui sera rapporté ci-après, & dont l'art. 3 concerne les révisions qui avoient lieu au ci-devant parlement de Douai.

Décret du 27 février 1791,

Sanctionné le 6 mars,

Relatif à la levée des scellés apposés dans les greffes des commissions extraordinaires du conseil.

L'Assemblée nationale, ouï le rapport de son comité des domaines, décrète qu'un commissaire délégué par le directoire du département de Paris, assistera à la levée des scellés apposés dans les greffes des commissions extraordinaires du conseil, à l'effet de réclamer les minutes des aliénations des biens domaniaux, faites, soit par des arrêts

M 3

du conseil, soit par des contrats passés en vertu d'arrêts du conseil : lesquelles minutes seront déposées aux archives de l'Assemblée nationale, après qu'il en aura été dressé un inventaire, dont un double sera remis au comité des domaines de l'Assemblée nationale.

Ce décret a été exécuté ; le dépôt ordonné être fait aux archives nationales, a été fait. Voyez le décret sur la suppression du conseil, dans la première partie du code judiciaire, p. 87.

DÉCRET du 9 mars 1791,

Sanctionné le 15,

Relatif aux adjudications d'immeubles & de baux judiciaires, en vertu de jugemens des tribunaux de Paris, tant anciens que nouveaux.

L'Assemblée nationale décrète ce qui suit :

Les adjudications d'immeubles & de baux judiciaires, soit en exécution des arrêts, jugemens, & sentences des ci-devant cours, tribunaux & jurisdictions de Paris, même des commissions établies en ladite ville, soit en vertu des jugemens qui ont été ou seront rendus par la suite dans les six tribunaux d'arrondissement, ne seront faites en justice, dans tout le département de Paris, qu'à la seule audience des criées, établie par la loi du 9 février dernier. Cette audience sera tenue aux jours & heures accoutumés, par un des juges de chacun des six tribunaux, alternativement de mois en mois ; & ledit juge scellera provisoirement les lettres de ratification. Les enchères continueront en conséquence, d'être déposées entre les mains des greffiers nommés par ladite loi du 9 février dernier, & publiées par les huissiers de ladite audience des criées, qui font dépositaires des doubles des enchères ; dans laquelle audience sera aussi exposé le tableau des contrats & autres titres d'acquisition des immeubles situés dans le département de Paris.

Loi du 9 février. C'est le premier décret du 29 janvier 1791, qui a été rapporté ci-devant, p. 177.

EXTRAIT du décret du 13 avril 1791,

Sanctionné le 20 du même mois,

Concernant l'abolition de plusieurs droits seigneuriaux & l'effet de cette abolition.

TITRE PREMIER.

ART. XXII.

Pourront à l'avenir s'intenter par simples requêtes, & s'instruire comme procès ordinaires, toutes les actions ci-devant sujettes aux formalités d'*ajour, clain, plainte à loi, plainte propriétaire,* & autres tenant au système féodal : sans que, dans les lieux où ces formalités étoient indispensables pour pouvoir agir en justice dans les matières pour lesquelles elles avoient été introduites, les défendeurs puissent exciper d'aucune prescription acquise depuis la cessation absolue des fonctions des officiers des justices seigneuriales, opérée par l'installation des tribunaux de district, jusqu'à la publication du présent décret ; & sans préjudice des saisies qui continueront d'être autorisées dans les cas de droit, ou indiqués par les coutumes.

M 4

Art. XXIII.

Provisoirement, & jusqu'à ce qu'il en ait été autrement ordonné, les consignations qui, dans quelques coutumes, devoient, en certains cas, s'effectuer entre les mains des ci-devant mayeurs, baillis, ou autres officiers seigneuriaux, se feront à l'avenir, sans frais, au greffe des tribunaux de district.

Art. XXIV.

Sont abolies, à compter du jour où ont été installés les tribunaux de district, toutes les loix & coutumes qui, pour la validité même intrinsèque des donations & des testamens, les soumettent à la nécessité d'être, ou passés, ou recordés, ou reconnus, ou réalisés, soit avant, soit dans un certain délai après la mort des donateurs ou testateurs, en présence d'échevins, hommes de fiefs, *jurés de castel*, ou autres officiers seigneuriaux; & dans les pays soumis auxdites loix ou coutumes, il suffit pour la validité de ces actes, à compter de l'époque ci-dessus, qu'ils ayent été ou soient passés pardevant deux notaires, ou un notaire & deux témoins, ou même, à l'égard des testamens, en forme olographe, sans préjudice, quant à présent, de l'exécution du statut delphinal ou autres loix semblables, concernant les formalités des donations entre-vifs, pour lesquelles le juge-de-paix sera subrogé à l'officier seigneurial; & sans que le défaut de la transcription au greffe, substituée par l'article 3 du décret des 17 & 19 septembre 1790, aux dessaisines, saisines, déshéritances, adhéritances, reconnoissances échevinales, & autres formalités de cette nature, puisse, dans aucun des ci-devant pays de nantissement, être opposé aux donataires ou légataires par les héritiers des donateurs ou testateurs, ni empêcher, soit qu'un testament ait son effet à l'égard des immeubles dont le testateur n'auroit pas ordonné, ou le légataire poursuivi la vente dans le délai fixé par les coutumes ; soit qu'un créancier, muni d'un titre exécutoire, fasse décréter & vendre les biens-fonds de son débiteur.

Voyez le décret des 17 & 19 septembre 1790, au code féodal.

Art. XXV.

Sont pareillement abolies, à compter de l'époque fixée par l'article précédent, toutes les loix & coutumes qui exigeoient, pour la validité de certains actes ou exploits, la présence ou l'intervention d'aucun des officiers ci-dessus désignés ; & il suffit pour la validité de ces actes ou exploits, qu'ils soient faits par des notaires ou des huissiers, suivant les distinctions & les règles établies par le droit commun du royaume.

Art. XXVI.

Tous actes de dessaisines, saisines, déshéritances, adhéritances, & autres attribués par les anciennes loix au ministère exclusif des officiers seigneuriaux, qui, dans l'intervalle de la publication des décrets du 4 août 1789 à celle du décret des 17 & 19 septembre 1790, auront été faits en présence des officiers des nouvelles municipalités, auront le même effet que s'ils l'avoient été en présence des anciens échevins ou autres officiers des justices seigneuriales.

Voyez au code féodal, les décrets cités dans cet article.

Art. XXVII.

Auront également le même effet que s'ils étoient émanés des justices seigneuriales ordinaires, tous les jugemens & actes de jurisdiction faits jusqu'à l'installation des tribunaux de diftrict, par ceux des officiers municipaux des ci-devant provinces belgiques, qu'on pourroit prétendre n'y avoir pas été autorifés par le décret du 29 décembre 1789.

Art. XXVIII.

Sont pareillement validées, à compter de leurs dates refpectives, toutes les tranfcriptions des contrats ou autres actes qui, dans les ci-devant pays de nantiffement, ont pu être faites aux greffes des tribunaux de diftrict, en conformité de l'article 3 du décret des 17 & 19 feptembre 1790, antérieurement à la publication officielle de cette loi.

Art. XXIX.

Il ne pourra être exigé dans les cas des tranfcriptions ci-deffus, ni pour toutes autres formalités qui pourroient y être fubftituées par la fuite, aucun des droits de lods, mi-lods, quint, demi-quint, éterlin, & autres que les ci-devant feigneurs ou leurs officiers percevoient pour leurs hypothèques conftituées par *deffaifine, faifine, déshéritance, adhéritance, rapport, mife de fait ou main-affife.*

Art. XXX.

Lefdites tranfcriptions ne font nullement néceffaires pour tranfmettre la propriété des biens nationaux, foit aux particuliers qui s'en rendent directement adjudicataires, foit à ceux qu'ils déclarent leurs commands, d'après la réferve faite lors des adjudications.

Décret du 27 avril 1791,

Relatif aux affaires pendantes aux conseils des parties, des finances, des dépêches & à la grande direction, avec commissions particulières.

L'Assemblée nationale décrète ce qui suit :

Article premier.

Toutes les affaires pendantes aux conseils des parties, des finances, des dépêches, à la grande direction, avec commissions particulières, & généralement toutes celles qui ne sont pas de la compétence du tribunal de cassation, & qui existoient aux diverses sections du conseil & des commissions, soit par appel, soit par évocation, soit par attribution, seront portées dans les tribunaux à qui la connoissance doit en appartenir, ainsi qu'il va être dit ci-après.

Voyez l'article 30 du décret du 27 novembre 1790, qui supprime le conseil des parties ; & le décret du 14 avril 1791, l'un & l'autre dans la première partie du code judiciaire.

Art. II.

Les affaires qui ont été évoquées au conseil avant d'avoir reçu un jugement dans les tribunaux qui devoient en connoître, seront reportées au tribunal de district, qui, suivant les règles prescrites dans l'organisation de l'ordre judiciaire, doit les juger.

Art. III.

Les affaires qui ont été évoquées au conseil après un premier jugement rendu dans les tribunaux, seront reportées dans le tribunal du diſtrict qui remplace celui où le procès avoit été jugé, pour que, ſi l'une des parties veut être appelante, elle choiſiſſe l'un des ſept tribunaux d'arrondiſſement, conformément à ce qui eſt preſcrit pour les appels.

Par le titre V du décret du 16 août 1790, première partie du code judiciaire, p. 29.

A r t. I V.

Il en ſera de même pour les affaires retenues au conſeil après un jugement de caſſation. Elles ſeront reportées au tribunal de diſtrict établi dans le lieu où ſiégeoit la cour judiciaire dont le jugement a été caſſé, afin que les parties choiſiſſent un tribunal entre les ſept tribunaux d'arrondiſſement, comme il ſe pratique pour les appels; lequel tribunal jugera en dernier reſſort le fond du procès.

A r t. V.

Les affaires dans leſquelles il eſt intervenu un jugement de caſſation, & qui enſuite ont été évoquées pour être attribuées à une commiſſion, ſeront reportées au tribunal de diſtrict qui doit en connoître ſuivant la nature de l'affaire, à moins que la commiſſion n'eût été établie du conſentement & ſur la demande reſpective de toutes les parties : auquel cas la commiſſion continuera ſes fonctions, aux termes de la convention qui l'a établie.

A r t. V I.

La même règle ſera ſuivie pour les commiſſions qui pourroient avoir été créées pour connoître d'une affaire ou d'une ſuite d'affaires, ſans que la forme de l'évocation ait été priſe. Si ces commiſſions ont été demandées & conſenties par toutes les parties, elles continueront leurs fonctions : si elles ont été créées sans le consentement de toutes les parties & sur la demande d'une seule, elles cesseront d'exister; & les contestations sur lesquelles elles devoient prononcer, sont renvoyées aux tribunaux auxquels la connoissance en appartient.

A r t. VII.

A l'égard des commissions établies pour des affaires dont la nature mixte laisse incertaine la compétence des tribunaux qui doivent en connoître, ou qui affectent une grande masse de biens situés dans plusieurs districts, & quelquefois dans plusieurs départemens, on se pourvoira au tribunal de cassation, qui, parmi les tribunaux sous lesquels les parties sont domiciliées, ou sous lesquels les biens sont situés, déterminera le tribunal où les parties feront vuider leurs contestations.

A r t. VIII.

Les oppositions aux ordonnances des intendans, & les appels d'icelles, ainsi que les appels & oppositions aux délibérations des administrations, aux jugemens des élus de Bourgogne, & à ceux des commissaires du conseil, qui ont pu exister à différentes époques & pour diverses circonstances dans les ci-devant provinces, seront, par la partie la plus diligente, portées au tribunal de district du domicile du défendeur originaire, lequel jugera en dernier ressort.

A r t. IX.

Toutes les affaires qui étoient soumises au jugement des intendans des ci-devant provinces ou des ci-devant pays d'états, autres que celles dont la connoissance est attribuée aux corps administratifs, seront portées devant les

tribunaux de district, pour être jugées comme les autres procès, à la charge de l'appel si l'intendant n'a pas
rendu d'ordonnance.

A r t. X.

Sont exceptées de la présente loi les affaires dans
lesquelles la nation plaide directement contre des particuliers en qualité de créancière ou de débitrice. Toutes
les affaires de cette nature, actuellement pendantes aux
diverses sections du conseil, ou à la ci-devant cour des
aides de Paris, seront portées à l'un des six tribunaux de
Paris, soit pour les juger à la charge de l'appel, s'il n'est
point encore intervenu de jugement, soit pour choisir
un des sept tribunaux d'arrondissement, s'il y avoit eu
un premier jugement ; lequel tribunal prononcera en
dernier ressort.

A r t. X I.

Dans les dispositions du précédent article, ne peuvent
être compris les objets soumis par les décrets à l'examen
du commissaire-liquidateur, & à la décision de l'Assemblée
nationale.

Voyez ci-après le décret du 8 août 1791.

DÉCRET du 28 avril 1791,

Sanctionné le 8 mai,

Relatif aux tribunaux établis dans les villes où l'ordonnance de 1667 n'a été ni publiée, ni exécutée, & sur la révision qui avoit lieu au ci - devant parlement de Douai.

L'Assemblée nationale décrète ce qui suit :

ARTICLE PREMIER.

Dans les tribunaux établis dans les villes où l'ordonnance de 1667 n'a été publiée ni exécutée, les juges & les avoués se conformeront, pour la procédure, aux règlemens qui y sont usités, en ce qui n'est pas contraire aux modifications faites à cette ordonnance par l'article 34 du décret du 6 mars dernier ; & néanmoins aucune cause n'y pourra être instruite ni jugée comme procès par écrit, soit en première instance, soit en cas d'appel, si elle n'a été préalablement portée à l'audience, & si les juges n'ont cru devoir l'appointer après avoir entendu les plaidoieries respectives des parties.

Voyez l'article 34 du décret du 6 mars 1791, dans la première partie de ce code, p. 118.

ART. II.

La règle établie par l'article 3 du décret du 11 février dernier, pour déterminer à quels tribunaux doivent être portées les requêtes civiles, sera observée pour les révisions intentées ou à intenter contre les arrêts du ci-devant parlement de Douai.

Voyez ce décret, ci-devant, à sa date, dans la seconde partie de ce code, ou code civil.

Décret du 8 août 1791,

Sanctionné le 12,

Portant renvoi pardevant le tribunal du premier arrondisse-
ment de Paris , de toutes les actions qui ont été intentées
par les contrôleurs des bons & des restes , & par l'agent
du trésor public , & qui étoient pendantes au conseil &
dans d'autres tribunaux, ainsi que de celles qui seroient
intentées directement par l'agent du trésor public.

L'Assemblée nationale décrète :

Article premier.

Toutes les actions qui ont été intentées par les contrôleurs des bons d'état & des restes, & par l'agent du
trésor public, & qui étoient pendantes, soit au conseil,
soit dans d'autres tribunaux, & dans les sections qui en
émanoient, au moment de leur suppression ; pareillement
les actions qui seroient intentées directement par l'agent
du trésor public , en vertu de titres actuellement existans
contre des personnes qui ont traité immédiatement avec
le trésor public , seront portées au tribunal du premier
arrondissement de la ville de Paris, pour y être suivies
selon les derniers erremens, & instruites en la même forme
que les matières sommaires.

Art. II.

Les décisions du roi, arrêts du conseil & autres pièces
qui seroient produites pour l'instruction desdites affaires,
soit par l'agent du trésor public, soit contre lui , ne pour-

ront

ront être écartées fous prétexte qu'elles ne feroient pas revêtues de toutes les formes reconnues & admifes dans les tribunaux ordinaires : tous autres moyens contre lefdites pièces réfervés.

A R T. I I I.

L'appel des jugemens rendus par le tribunal du premier arrondiffement fur les actions énoncées au premier article, ne pourra être porté que dans l'un des autres tribunaux d'arrondiffement de Paris ; & en cas d'appel, les jugemens feront exécutés par provifion, foit qu'ils ayent été prononcés en faveur du tréfor public ou contre le tréfor public ; mais, en ce dernier cas, l'exécution provifoire n'aura lieu qu'en donnant caution par les parties qui pourfuivront l'exécution provifoire.

A R T. I V.

Les commiffaires de la tréforerie remettront inceffamment à l'agent du tréfor public, fous fon récépiffé, les titres qui peuvent donner lieu à une action en recouvrement de la part du tréfor public, ainfi que les renfeignemens qu'ils auront en leur pouvoir.

DÉCRET du 21 septembre 1791,

Sanctionné le 13 novembre 1790,

Pour déterminer les huissiers qui pourront faire les citations aux bureaux de paix, à Paris.

Les citations devant les bureaux de conciliation de la ville de Paris, ne pourront, à peine de nullité, être faites que par les huissiers attachés aux juges-de-paix établis dans cette ville.

Fin du Code civil, ou seconde partie du Code judiciaire.

APPENDICE

AU CODE CIVIL,

OU

A LA SECONDE PARTIE

DU CODE JUDICIAIRE,

Contenant les Décrets relatifs aux Lettres de ratifications , aux Huissiers & Jurés-Priseurs, Commissaires aux saisies réelles, Receveurs des consignations, & Notaires.

———

DÉCRET du 21 juillet 1790,

Sanctionné le 26,

Concernant les fonctions des ci-devant jurés-priseurs.

L'ASSEMBLÉE NATIONALE décrète ce qui suit :

ARTICLE PREMIER.

Les notaires, greffiers, huissiers & sergens sont autorisés à faire les ventes de meubles dans tous les

N 2

lieux où elles étoient ci - devant faites par les jurés-priseurs.

A r t. I I.

Les procès-verbaux de vente & de prisée faites par les officiers ci-dessus désignés, ne seront soumis qu'aux mêmes droits de contrôle que ceux des jurés-priseurs.

A r t. I I I.

Il ne pourra être perçu par lesdits officiers, que 2 f. 6 den. du rôle de grosse des procès-verbaux; 2 f. 6 den. pour enregistrement d'une opposition, & 1 liv. 10 sous par vacation de prisée, conformément à l'article 6 de l'édit de février 1771 : & ce, sans préjudice des conventions particulières qui pourront modifier ou abonner ces droits.

A r t. I V.

Les quatre deniers pour livre du prix des ventes seront versés, par les officiers qui les auront faites, dans les mains des contrôleurs des actes, lesquels en compteront à la régie des domaines.

A r t. V.

Les quittances de finance des offices de jurés-priseurs supprimés, seront remises au plus tard dans deux mois, à dater du jour de la publication du présent décret, au comité de liquidation.

A r t. V I.

Le comité se fera représenter le registre des parties casuelles, & la décision qui pourra avoir modéré le prix desdits offices, & en fera son rapport à l'Assemblée pour y être statué.

Le décret du 27 janvier 1791, concernant les lettres de ratification pour purger les hypothèques, a été rapporté dans la première partie de ce recueil, p. 97 ; voyez aussi sur ce même objet, les articles 20 & suivans du titre XIV du décret du 16 août 1790, sur l'organisation de l'ordre judiciaire.

DÉCRET du 5 août 1791,

Sanctionné le 18 du même mois,

Qui défend aux huissiers-priseurs, receveurs des consignations, commissaires aux saisies-réelles, notaires-séquestres, & tous autres dépositaires de deniers, de remettre aucunes sommes déposées & séquestrées, si on ne leur justifie du paiement des contributions publiques.

L'Assemblée nationale décrète que tous huissiers-priseurs, receveurs des consignations, commissaires aux saisies-réelles, notaires-séquestres, & tous autres dépositaires de deniers, ne remettront aux héritiers, créanciers, & autres personnes ayant droit de toucher les sommes séquestrées & déposées, qu'en justifiant du paiement des impositions mobiliaires & contributions publiques dues par les personnes du chef desquelles lesdites sommes seront provenues : seront même autorisés, en tant que de besoin, lesdits séquestres & dépositaires, à payer directement les contributions qui se trouveront dues, avant de procéder à la délivrance des deniers ; & les quittances desdites contributions leur seront passées en compte. Décrète en outre que les règlemens ci-devant faits pour la sûreté du recouvrement des impositions personnelles, notamment dans la ville de Paris, relativement aux déclarations que doivent faire les propriétaires & les principaux locataires, seront exécutés provisoirement, & tant qu'il n'y aura pas été dérogé.

N 3

DÉCRET du 29 septembre 1791,

Sanctionné le 6 octobre suivant,

Sur la nouvelle organisation du notariat, & sur le rembour-
sement des offices de notaires.

L'Assemblée nationale décrète ce qui suit :

TITRE PREMIER.

Suppression des notaires royaux & autres, & création des
notaires publics.

SECTION PREMIÈRE.

Suppression des notaires royaux & autres.

ARTICLE PREMIER.

La vénalité & l'hérédité des offices royaux de notaires,
tabellions, notaires-clercs aux inventaires, notaires connus
en quelques lieux sous le nom de *greffiers,* ou sous toute
autre dénomination que ce soit, sont abolies.

ART. II.

Les offices de notaires ou tabellions authentiques, seigneuriaux, apostoliques, & tous autres offices du même
genre, sous quelque dénomination qu'ils existent, sont
supprimés.

Ces dispositions sont la conséquence de celles de l'acte constitutionnel, dispositions préliminaires au titre Ier; & de l'art. 7
des arrêtés du 4 août 1789.

A r t. I I I.

Ces divers officiers feront remplacés par des notaires
publics, dont l'établiffement fera formé, pour le préfent
& pour l'avenir, ainfi qu'il fera dit ci-après.

A r t. I V.

Jufqu'à la formation dudit érabliffement, les officiers
fupprimés par les articles 1 & 2, feront libres de continuer provifoirement leurs fonctions dans l'étendue de
leur ancien arrondiffement.

A r t. V.

Les actes qui, jufqu'à la publication du préfent décret,
auroient été reçus par lefdits officiers hors des limites de
leur ancien arrondiffement, ne pourront être attaqués pour
caufe d'incompétence.

S E C T I O N I I.

Création des notaires publics.

A r t i c l e p r e m i e r.

Il fera établi dans tout le royaume, des fonctionnaires
publics, chargés de recevoir tous les actes qui font actuellement du reffort des notaires royaux & autres, & de
leur donner le caractère d'authenticité attaché aux actes
publics.

A r t. I I.

Ces fonctionnaires porteront le nom de *notaires publics ;*
ils feront inftitués à vie, & ils ne pourront être deftitués que pour caufe de prévarication préalablement jugée.

N 4

A r t. I I I.

L'exercice des fonctions de notaire public fera incompatible avec celui des fonctions d'avoué & de greffier, & avec la recette des contributions publiques.

Voyez fur d'autres fonctions incompatibles avec celles de notaire, l'article 27 du décret du 6 mars 1791, au code judiciaire général, p. 116.

A r t. I V.

Provifoirement, & jufqu'à la confection du code civil, les actes des notaires publics feront reçus dans chaque lieu fuivant les anciennes formes; & néanmoins dans les lieux où la préfence de deux notaires étoit textuellement requife & déclarée fuffifante pour certains actes, ils pourront être reçus par un feul notaire public & deux témoins âgés de vingt-un ans, fachant figner, & ayant d'ailleurs les autres qualités requifes par les coutumes & ordonnances.

A r t. V.

Les notaires ne pourront inftrumenter fans connoître le nom, l'état & la demeure des parties, ou fans qu'ils leur foient atteftés dans l'acte par deux citoyens ayant les mêmes qualités requifes pour être témoin inftrumentaire.

A r t. V I.

A moins d'empêchement légitime, les notaires publics feront tenus de prêter leur miniftère lorfqu'ils en feront requis. Ils feront au furplus obferver dans les conventions les loix qui intéreffent l'ordre public; &, tant à cet égard, qu'en ce qui concerne la confervation des minutes & généralement l'exercice de leurs fonctions, ils fe conformeront aux anciennes ordonnances & règlemens concernant les notaires royaux, jufqu'à ce qu'il ait été autrement ftatué par le pouvoir légiflatif.

A r t. V I I.

Les notaires pourront, fur la feule réquifition d'une partie intéreffée, repréfenter dans les inventaires, ventes, comptes, partages, & autres opérations amiables, les abfens qui n'auront pas de fondés de procurations fpéciales & authentiques ; mais ils ne pourront en même-temps inftrumenter dans lefdites opérations.

Voyez ci-devant au code civil, le décret du 29 janvier 1791, article premier.

A r t. V I I I.

Le nombre & le placement de ces fonctionnaires feront déterminés pour chaque département, par le corps légif-latif, d'après les inftructions qui lui feront adreffées par les directoires defdits départemens.

A r t. I X.

Pour les villes, la population ; & pour les campagnes, l'éloignement des villes & l'étendue du territoire combinés avec la population, feront les principales bafes de l'éta-bliffement des notaires publics.

A r t. X.

Les notaires publics feront tenus de réfider dans les lieux pour lefquels ils auront été établis.

A r t. X I.

Ils ne pourront exercer leurs fonctions hors des limites

des départemens dans lesquels ils se trouveront placés ;
mais tous ceux du même département exerceront concurremment entre eux dans toute son étendue.

A r t. X I I.

Ils prendront en conséquence la qualité de *Notaires
publics pour le département de*...........*à la résidence
de la ville ou du bourg de*............

A r t. X I I I.

Les actes des notaires publics seront exécutoires dans
tout le royaume, nonobstant l'inscription de faux, jusqu'à
jugement définitif.

A r t. X I V.

A cet effet, leurs grosses ou expéditions exécutoires seront
intitulées de la formule suivante : (le nom du roi) *par la
grace de Dieu & la loi constitutionnelle de l'Etat , roi des
Français ; salut. Savoir faisons que pardevant , &c.* Et
elles seront terminées, immédiatement avant la date , par
cette autre formule : *Mandons que les présentes soient
mises à exécution par qui il appartiendra.*

A r t. X V.

Et néanmoins, lorsque ces actes devront être mis à
exécution hors du département dans lequel ils auront été
passés, les grosses ou expéditions seront, en outre, légalisées par l'un des juges du tribunal d'immatriculation du
notaire public, qui les aura délivrées, sans qu'il soit besoin
d'aucun autre scel ni de *visa.*

A r t. X V I.

Il sera déposé, par chaque notaire public, à titre de

garantie dès faits de ses fonctions, un fonds de responsabilité en deniers, dont le versement se fera entre les mains des receveurs de district, qui en feront aussitôt la remise au trésor national.

Les notaires n'en recevront aucun intérêt; mais ils seront exempts de tout droit de patentes.

A r t. X V I I.

Ce fonds de responsabilité demeure dès-à-présent fixé :

S a v o i r,

Pour les notaires publics de la ville de Paris, à.......................... 40,000 l.

Pour ceux des villes de soixante mille ames & au-dessus, à....................... 15,000

Pour ceux des villes de quarante à soixante mille ames, à....................... 8,000

Pour ceux des villes de vingt à quarante mille ames, à........................... 4,000

Pour ceux des villes de dix à vingt mille ames, à........................... 3,000

Pour toutes les autres villes, bourgs ou villages, à........................... 2,000

A r t. X V I I I.

Il sera délivré à chaque notaire public, une reconnoissance du montant de son dépôt; & lors des démissions ou des décès, le capital de ces reconnoissances sera remboursé au notaire public démis, ou à l'héritier du décédé, par le sujet qui aura été nommé pour le remplacer : en justifiant qu'il n'existe pas d'empêchement entre les mains du conservateur des oppositions.

A R T. X I X.

Et dans le cas où après la démission ou le décès d'un notaire public, il n'y auroit pas lieu de pourvoir à son remplacement, le remboursement dudit fonds de responsabilité lui sera fait, ou à ses héritiers, par le trésor public, dans l'année de la démission ou du décès.

T I T R E I I.

Établissement des notaires publics.

A R T I C L E P R E M I E R.

Les notaires publics seront à l'avenir, nommés & institués dans les formes prescrites par le titre IV de ce décret ; mais leur premier établissement sera fait d'après les dispositions suivantes.

A R T. I I.

Les notaires ou tabellions royaux, qui, à l'époque de cet établissement, se trouveront en exercice, soit en vertu de provisions, soit en vertu de commissions émanées du sceau, & tous les autres officiers supprimés par les articles 1 & 2 de la première section du titre I, seront, dans chaque département, considérés sous trois classes.

1°. Les notaires royaux résidant actuellement dans les lieux où il sera établi des notaires publics, & les notaires seigneuriaux des mêmes lieux, lorsqu'ils tenoient à une jurisdiction seigneuriale ayant son principal siége dans cette résidence, & ressortissant nuement à une cour souveraine.

2°. Les notaires royaux qui résident actuellement dans les lieux où il ne sera pas établi de notaires publics.

3°. Les notaires seigneuriaux autres que ceux désignés dans la première classe.

Art. III.

Les notaires de la première classe seront admis de préférence, à se faire recevoir notaires publics dans les lieux où ils résident ; mais ils ne pourront, dans aucun cas, opter une autre résidence.

Quel que soit leur nombre, ils seront tous admis à exercer, & ne seront point tenus de se réduire. Leur réduction ne s'opérera que par mort ou démission.

Art. IV.

En conséquence, après la fixation des chefs-lieux de résidence & du nombre des notaires publics, le procureur-général-syndic de chaque département, fera notifier dans tout le département aux notaires de la première classe, en la personne du plus ancien d'entre eux dans chaque résidence, qu'ils ayent à lui déclarer dans le mois de cette notification, & chacun individuellement, s'ils veulent être confirmés dans l'exercice de leurs fonctions, en qualité de notaires publics.

Art. V.

Ceux desdits notaires, qui, dans ce délai, n'auront pas envoyé d'acceptation, seront présumés avoir renoncé à leur droit. Leurs places, de même que celles des notaires qui auront donné un refus formel, seront comprises dans le tableau des places vacantes, si le nombre n'est pas complet ; & dès l'expiration du mois, ils seront irrévocablement déchus de toute préférence.

Art. VI.

Immédiatement après ledit délai, le directoire du département vérifiera les acceptations remifes ; & pour les lieux où le nombre de ces acceptations complétera, ou lors même qu'il excéderoit celui requis, le tableau nominatif des acceptans fera dreffé fuivant l'ordre de leur anciennes réception en qualité de notaires.

A r t. V I I.

Si au contraire, en certains lieux, le nombre des acceptations fe trouve infuffifant, il fera complété ainfi qu'il fuit.

A r t. V I I I.

Les notaires de la feconde claffe & ceux de la troifième pourront fe préfenter pour remplir les places de notaires publics, vacantes dans les diverfes réfidences du département, en défignant la réfidence à laquelle ils demanderont à être attachés.

A r t. I X.

En conféquence, après le premier placement qui aura été fait en conformité des articles 3 & 4, le directoire du département fera publier & afficher dans fon arrondiffement, le tableau des places vacantes, foit dans les réfidences nouvellement créées, foit dans les réfidences confervées & où le nombre des notaires ne fera pas complet.

A r t. X.

Dans le mois après cette publication, les notaires de la feconde & de la troifième claffe qui voudront occuper des places de notaires publics, feront tenus d'adreffer au procureur-général-fyndic du département, leurs déclarations, portant défignation de la réfidence dans laquelle ils demandent à être placés.

Seront d'abord préférés les notaires de la feconde claffe ;

enfuite, parmi les notaires de la troifième, feront préférés ceux qui demeuroient dans le lieu où une réfidence de notaires publics aura été établie.

Les notaires ainfi appelés par degré à occuper des places de notaires publics, feront admis fuivant l'ancienneté de leur fervice, jufqu'à ce que le nombre fixé foit rempli.

A r t. X I.

Ceux qui, dans le délai d'un mois, n'auront pas fait leur déclaration, feront cenfés avoir renoncé à leur droit, & ne pourront plus fe faire infcrire pour les places vacantes.

A r t. X I I.

Les notaires qui n'auront pu être placés dans la réfidence par eux défignée, pourront en indiquer une autre dans laquelle il y auroit encore des places vacantes; & ainfi de fuite, jufqu'à ce que toutes les réfidences du département foient complètes; & les mêmes règles de préférence & d'ancienneté feront obfervées dans ce cas comme dans ceux ci-deffus fpécifiés.

A r t. X I I I.

Immédiatement après le premier placement & les placemens fucceffifs, le tableau nominatif des notaires publics attachés à chaque réfidence, fera envoyé par le procureur-général-fyndic, au commiffaire du roi près le tribunal dans l'arrondiffement duquel fera le chef-lieu de réfidence de ces notaires publics.

Et à l'égard des villes où il exifte plufieurs tribunaux judiciaires, cet envoi fera fait au commiffaire près celui defdits tribunaux dans le reffort duquel la maifon municipale fe trouve fituée.

A r t. X I V.

Dans le délai de deux mois, à compter du jour de la
réquisition qui en sera faite à chacun d'eux par le commissaire du roi, les officiers inscrits sur le tableau seront
tenus d'effectuer le dépôt de leur fonds de responsabilité,
de se retirer pardevers le roi, à l'effet d'obtenir une commission, & de se présenter au tribunal pour y être reçus
en qualité de notaires publics.

La commission du roi ne pourra leur être refusée, en
justifiant par eux du dépôt de leur fonds de responsabilité; & elle rappellera au surplus la date de leur ancienne réception.

A r t. X V.

Sur la représentation de cette commission, ils seront
admis devant le tribunal, pour consigner au bas du procès-
verbal qui sera dressé à cet effet, les signature & paraphe
dont ils entendent se servir dans l'exercice de leurs fonctions, & prêter le serment prescrit par l'article dernier du
titre IV.

A r t. X V I.

Il sera remis à chacun d'eux un extrait de ce procès-
verbal, lequel extrait leur servira d'institution & réception;
& de ce jour seulement ils prendront la qualité de notaires publics, & auront le droit d'exercer dans tout le
département.

A r t. X V I I.

Faute par lesdits notaires d'avoir rempli, dans le délai
de deux mois, les formalités prescrites par les articles
14 & 15, leurs places seront réputées vacantes, & sur
l'avis qui en sera donné au directoire du département

par

par le commissaire du roi, il sera pourvu à leur remplacement.

A r t. X V I I I.

Lorsque tous les notaires de la seconde & de la troisième classe, inscrits pour devenir notaires publics, seront placés; ou lorsque n'ayant pu l'être dans les résidences qu'ils auront désignées, ils n'auront pas fait de désignation nouvelle : s'il y a encore des places vacantes, il y sera pourvu suivant les formes qui vont être établies par le titre IV de ce décret.

A r t. X I X.

Dans chaque département, après la clôture du placement des notaires publics, le directoire enverra aux commissaires du roi auprès des divers tribunaux de son ressort, un état nominatif des anciens notaires royaux ou autres, qui, par refus formel, par défaut d'acceptation, ou par toute autre cause, ne se trouveront pas compris dans le nouvel établissement.

Cet état sera publié & affiché sans délai, à la diligence desdits commissaires du roi, tant dans les nouvelles que dans les anciennes résidences de notaires de leurs arrondissemens respectifs; &, huitaine après cette publication, tous les anciens notaires non placés, seront tenus de cesser l'exercice de leurs fonctions, à peine de faux & de nullité.

A r t. X X.

Et à l'égard des notaires admis dans le placement, mais qui s'en trouveroient déchus aux termes de l'art. 17, ils seront tenus pareillement, & sous les mêmes peines, de cesser leurs fonctions, huitaine après l'injonction qui leur en sera faite par le commissaire de police.

Code judiciaire général. O

TITRE III.

De la conservation & du dépôt des minutes d'actes des notaires.

ARTICLE PREMIER.

Les minutes dépendantes des offices de notaires royaux & autres supprimés par le titre premier de ce décret, seront mises en la garde des notaires publics établis dans la résidence la plus prochaine du lieu de leur dépôt actuel.

ART. II.

En conséquence, les minutes actuellement conservées dans les lieux où il sera établi des notaires publics, ne pourront en être déplacées ; & celles qui se trouveront par-tout ailleurs, seront portées dans le plus prochain chef-lieu de résidence de notaire public, en suivant à cet égard la démarcation par cantons.

ART. III.

A cet effet, après que le directoire de l'administration du département aura fait publier le tableau des notaires publics de chaque résidence, le directoire de l'administration du district dressera l'état des anciens offices, soit du lieu même, soit des lieux circonvoisins, dont les minutes doivent être remises auxdits notaires publics, & adressera cet état au commissaire du roi du tribunal.

ART. IV.

Les notaires royaux & autres devenus notaires publics dans le lieu où leurs minutes devront rester ou être apportées, en conserveront exclusivement le dépôt.

A r t. V.

Les notaires qui auront cessé d'exercer, ou qui auront
été placés dans une autre résidence que celle où leurs minutes doivent être déposées, ainsi que les héritiers des
anciens titulaires décédés, pourront, dans un mois à compter
du jour de la notification qui leur sera faite par le commissaire du roi, remettre lesdites minutes à celui des notaires publics qu'ils jugeront à propos de choisir parmi ceux
établis dans le chef-lieu de résidence où les minutes
devront être apportées; & faire sur les recouvremens telles
conventions que bon leur semblera.

A r t. V I.

Mais à défaut de remise dans le cours de ce délai,
les possesseurs de ces minutes seront tenus de les déposer
incontinent, avec les répertoires, entre les mains du plus
ancien notaire public de cette résidence, lequel s'en chargera
provisoirement sur son récépissé, après récolement & vérification.

Ils remettront, en même-temps, un état des recouvremens à faire sur lesdites minutes, & seront tenus de déclarer par écrit, s'ils veulent que lesdits recouvremens
soient pour leur compte, ou s'ils préfèrent en céder la
perception.

A r t. V I I.

Au premier cas, les minutes & répertoires, ainsi que
l'état des recouvremens, seront remis, après nouvelle
vérification, à celui des notaires publics de la résidence
qui offrira de se charger du tout, & d'effectuer les recouvremens; & à défaut ou en cas de concurrence, la
remise en sera faite par la voie du sort.

A r t. V I I I.

Lorsqu'au contraire les anciens possesseurs auront déclaré vouloir céder les recouvremens, la possession des
minutes sera adjugée, eu égard auxdits recouvremens, sur
enchères entre les notaires publics de la résidence, pardevant le maire ou premier officier municipal.

Et néanmoins, si le prix de la dernière enchère est au-
dessous des trois-quarts du total des recouvremens, les
possesseurs auront la faculté d'empêcher l'adjudication,
en demandant que la perception des recouvremens soit
faite pour leur compte ; & dans ce cas, on suivra les
règles prescrites par l'article 7 du présent titre.

A r t. I X.

Les minutes d'actes de notaires qui se trouveront contenues dans les bureaux de tabellionage ou autres dépôts
publics établis en certains lieux, y seront provisoirement conservées.

Celles qui peuvent exister encore dans les greffes des
ci-devant justices seigneuriales, seront, à la diligence des
commissaires du roi, remises incessamment aux greffes
des tribunaux de district dans le ressort desquels elles sont
actuellement en dépôt.

Les gardiens desdites minutes pourront en délivrer des
expéditions, en se conformant aux ordonnances.

A r t. X.

A l'égard des minutes existantes dans les archives des
ci-devant seigneurs, ou entre les mains de toutes autres
personnes privées, elles seront remises, avec les répertoires, s'il s'en trouve, au plus ancien notaire public
de la résidence voisine, huitaine après la sommation qui

en fera par lui faite aux poſſeſſeurs actuels, leſquels, à raiſon de cette remiſe, ne pourront exiger, aucun rembourſement ni indemnité.

A r t. X I.

Ces minutes feront d'abord placées en corps diſtincts, formés par la réunion des actes dépendans d'un même office ; & les corps complets feront enſuite diſtribués un par un, avec les répertoires, entre les notaires publics de la réſidence, en commençant par le plus ancien, & continuant juſqu'à l'entière diſtribution.

A l'égard des minutes qui ſe trouveront faire partie d'un corps dépoſé dans une autre réſidence, elles ſeront immédiatement envoyées dans le lieu de ce dépôt, pour y être réunies.

A r t. X I I.

Deux mois au plus tard après la diſtribution de ces corps de minutes anciennes, les notaires publics qui en auront reçu le dépôt, feront tenus d'en faire la déclaration au greffe du tribunal dans le reſſort duquel leur réſidence ſe trouvera ſituée, & d'indiquer en même-temps le nom des divers notaires de qui leſdites minutes proviennent.

Ils dreſſeront en outre, dans les ſix mois du dépôt, un répertoire exact des minutes, s'il n'en exiſtoit pas lors de la diſtribution.

A r t. X I I I.

Lors de la démiſſion ou du décès des notaires publics, au remplacement deſquels il n'y aura pas lieu de pourvoir, les démettans ou les héritiers des décédés auront la faculté de remettre leurs minutes à l'un des notaires publics de la réſidence, & de s'arranger pour les recouvremens, dans le délai d'un mois à compter de la démiſſion ou du décès ; & après ce délai, le com‑miſſaire du roi auprès du tribunal pourſuivra la remiſe des minutes entre les mains du plus ancien des notaires publics, pour être procédé à leur dépôt, ainſi qu'il a été dit par les articles 6, 7 & ſuivans.

A ʀ ᴛ. XIV.

A l'avenir, dans tous les cas où il y aura lieu au remplacement d'un notaire public, par démiſſion ou décès, les minutes paſſeront à ſon ſucceſſeur ; & la re‑miſe lui en ſera faite, ſauf à lui tenir compte des recou‑vremens.

A ʀ ᴛ. XV.

L'évaluation des recouvremens ſera faite de gré à gré, s'il eſt poſſible : ſinon par deux notaires choiſis de part & d'autre parmi ceux de la réſidence du notaire démettant ou décédé ; & , à leur défaut, parmi ceux de la réſidence la plus voiſine : leſquels appréciateurs, en cas de diverſité d'avis, prendront un autre notaire de la réſidence pour les départager.

A ʀ ᴛ. XVI.

A compter du premier janvier 1793, les notaires pu‑blics ſeront tenus de dépoſer, dans les deux premiers mois de chaque année, au greffe du tribunal de leur immatriculation, un double par eux certifié, du réper‑toire des actes qu'ils auront reçus dans le cours de l'année précédente, à peine de cent livres d'amende par chaque mois de retard,

TITRE IV.

Nouvelle forme de nomination & d'institution des notaires publics.

ARTICLE PREMIER.

Les places des notaires publics ne pourront être occupées à l'avenir, que par des sujets antérieurement désignés dans un concours public, qui aura lieu à cet effet, le premier septembre de chaque année, dans les villes chef-lieux de département.

Le premier concours se fera extraordinairement le premier mars prochain.

ART. II.

Les juges du concours seront au nombre de neuf : savoir, deux membres du tribunal établi dans le lieu où se fera le concours, le commissaire du roi près le même tribunal, deux membres du directoire de département, le procureur-général-syndic, & trois notaires publics de la ville, pris par ordre d'ancienneté, à tour de rôle.

ART. III.

Dans les villes où il se trouvera plusieurs tribunaux, les juges & les commissaires du roi seront pris alternativement dans chacun d'eux, en commençant par le *numéro* premier, pour le premier concours.

ART. IV.

Pour être admis à concourir, il faudra :

1°. Avoir satisfait à l'inscription civique, en quelque lieu du royaume que ce soit ;

2°. Être âgé de vingt-cinq ans accomplis;

3°. Avoir travaillé pendant huit années sans interruption : savoir, pendant les quatre premières, soit dans les études des ci-devant procureurs ou des avoués , soit dans les études de notaire, en quelque lieu que ce soit du royaume, mais nécessairement pendant les quatre dernières , en qualité de clerc de notaire dans l'étendue du département où le concours aura lieu, & y être actuellement employé en cette qualité.

Les juges & les hommes de loi remplissant les deux premières conditions & exerçant depuis cinq ans, dont trois au moins dans l'étendue du département, seront pareillement admis au concours.

Art. V.

Dans le mois qui précédera le concours , lequel, après celui du premier mars prochain , se fera toujours le premier septembre, sans avoir besoin d'être annoncé ni proclamé , & sans que, sous aucun prétexte, il puisse être retardé , ou n'avoir pas lieu, tous ceux qui désireront être admis audit concours, remettront au commissaire du roi , désigné pour l'un des juges, les titres & certificats servant à constater les qualités & conditions ci-dessus requises ; & les clercs rapporteront en outre, avec les certificats d'études qui leur auront été délivrés par les divers officiers chez lesquels ils les auront faites, des attestations de leurs vie & mœurs, signées par lesdits officiers , & duement légalisées.

Art. VI.

Les ci-devant notaires royaux qui, après avoir fait les déclarations prescrites par le titre II, n'auront pu être employés lors du prochain établissement , seront dispensés du concours ; & ils pourront, sur leur demande, être inscrits en premier ordre, & en suivant entre eux le rang

de leur réception, sur le premier tableau de candidats qui
sera dressé.

A r t. V I I.

Mais ceux desdits notaires royaux qui n'auront fait
aucune déclaration, ainsi que les notaires ci-devant seigneuriaux qui n'auroient pas été placés, soit qu'ils ayent
ou non demandé à l'être, feront simplement admis à
concourir sur la simple énonciation & justification de leur
ancienne qualité.

A r t. V I I I.

Les juges qui procéderont à l'examen, commenceront
par vérifier les titres des sujets qui se présenteront, pour
savoir s'ils remplissent les conditions requises.

Les sujets qui rempliront ces conditions seront seuls
admis à l'examen. Il consistera dans un interrogatoire fait
à chacun séparément, sur les principes de la constitution,
les fonctions & les devoirs de notaire public, & dans la
rédaction d'un acte, dont le programme sera donné par
les juges, & rempli, sans déplacer, par les aspirans.

A r t. I X.

La capacité des sujets sera jugée à la majorité absolue
des voix.

A r t. X.

Ceux qui seront ainsi reconnus capables, seront déclarés
par les juges de l'examen, habiles à remplir les fonctions de notaires publics, & inscrits aussitôt sur un tableau,
suivant le nombre de voix qu'ils auront eu pour leur admission. En cas d'égalité de suffrages pour deux ou plusieurs aspirans, ils seront inscrits sur le tableau à raison
de leur temps d'étude ou d'exercice; & en cas d'égalité
de temps, à raison de leur âge.

A r t. X I.

Ce tableau fera continué chaque année de la même manière. Il reftera affiché dans la principale falle de l'adminiftration du département, & fera envoyé par le procureur-général-fyndic à tous les tribunaux du reffort, pour y être pareillement affiché.

A r t. X I I.

Jufqu'à leur placement effectif, les fujets ainfi élus continueront fans interruption, dans le département : favoir, les clercs, leurs études chez les notaires ; & les autres, leurs fonctions de juges & d'hommes de loi.

A r t, X I I I.

En cas de décès ou de démiffion, les fujets infcrits fur le tableau des admis auront droit à la place vacante, fuivant la priorité de leur rang & la date d'infcription.

Néanmoins les juges & les hommes de loi ne pourront prétendre aux places vacantes dans les réfidences qui entraîneront un fonds de refponfabilité de 15,000 livres & au-deffus, qu'autant qu'il ne fe trouvera aucun clerc defdites réfidences infcrit fur le tableau.

A r t. X I V.

En conféquence, lorfqu'une place de notaire public deviendra vacante, la municipalité de la réfidence en donnera avis au directoire du département, lequel fera tenu de faire auffitôt annoncer cette vacance par proclamation & affiches dans tout fon reffort, avec réquifition aux fujets infcrits d'envoyer leur acceptation, dans le délai de quinze jours, au procureur-général-fyndic.

A r t. X V.

Après ledit délai, le directoire conférera la place vacante au premier par rang & date d'inscription de ceux qui, ayant droit de la requérir, auront donné leur acceptation ; & ceux qui les précédoient dans l'ordre, mais qui se seront trouvés en retard de fournir ladite acceptation, ne pourront être admis à réclamation pour cette fois : sans néanmoins préjudicier à leurs droits pour l'avenir.

A r t. X V I.

Il sera remis au sujet ainsi nommé, un extrait du procès-verbal de sa nomination ; &, avec cet extrait, il se pourvoira auprès du roi, à l'effet d'obtenir une commission qui ne pourra lui être refusée, pourvu qu'il justifie préalablement du remboursement par lui fait à son prédécesseur ou héritiers, du montant de son fonds de responsabilité & de ses recouvremens, ou d'arrangemens pris à ce sujet.

A r t. X V I I.

Après avoir obtenu la commission du roi, le sujet se présentera au tribunal dans le ressort duquel sa résidence se trouvera placée.

A r t. X V I I I.

Sur la représentation de l'extrait de son inscription au tableau, de sa nomination & de la commission du roi, il sera admis à prêter le serment à l'audience publique, en rapportant aussi préalablement un certificat de sa continuation d'exercice ou d'étude depuis son inscription au tableau, & de ses vie & mœurs ; lequel certificat sera donné, pour les juges & hommes de loi, par le président du tribunal dans lequel ils auront exercé leurs fonctions; pour les clercs, par les notaires chez lesquels ils auront travaillé.

Art. XIX.

Dans le procès-verbal de ladite preſtation de ſerment, le notaire public reçu conſignera les ſignature & paraphe dont il entend ſe ſervir dans l'exercice de ſes fonctions; & il ne pourra en employer d'autres, à peine de faux.

Art. XX.

La formule du ſerment ſera ainſi conçue : « Je jure ſur » mon honneur, d'être fidèle à la conſtitution & aux lois » du royaume, & de remplir mes fonctions avec exacti- » tude & probité ».

TITRE V.

Rembourſement des notaires royaux.

Article premier.

Attendu que l'évaluation des offices de notaires au ci-devant châtelet de Paris, faite en exécution de l'édit de 1771, eſt dans une diſproportion immenſe avec la valeur deſdits offices & acceſſoires; & que beaucoup de titulaires ſont dans l'impoſſibilité de conſtater par pièces authentiques le montant de leurs acquiſitions, il ſera établi pour le rembourſement deſdits notaires, un prix commun ſur le prix des acquiſitions faites par les ſoixante-dix derniers pourvus, tel qu'il ſe trouvera établi par traités, quittances & autres actes authentiques.

Art. II.

La maſſe de ces prix réunis, diviſée par leur nombre,

donnera le prix de chacun des cent treize offices de notaires.

A r t. I I I.

Les titulaires des cent treize offices seront divisés en
trois classes.

La première comprendra tous ceux qui ont été reçus
antérieurement au premier juillet 1771;

La seconde, tous ceux qui ont été reçus depuis le premier juillet 1771, jusqu'au premier juillet 1781 exclusivement.

La troisième classe sera formée de tous ceux qui ont été
reçus depuis le premier juillet 1781 jusqu'à présent.

A r t. I V.

Sur le prix moyen il sera retranché aux divers titulaires,
tant pour les recouvremens & meubles d'étude confondus
dans leurs acquisitions, qu'à cause de leur temps d'exercice :
savoir, un tiers aux titulaires de la premiere classe, un
sixième aux titulaires de la deuxième classe, & un
douzième aux titulaires de la troisième classe : excepté toutefois ceux reçus depuis le premier janvier 1785, lesquels ne
supporteront aucune déduction.

A r t. V.

Ce qui restera du prix moyen pour les divers titulaires
assujétis à une déduction, & la totalité pour ceux qui en
sont affranchis, sera payé aux titulaires de chaque classe
individuellement, tant à titre de remboursement qu'à titre
d'indemnité, sans qu'ils puissent exercer aucune autre ré-
pétition, soit pour leurs offices, soit pour les taxes ou
finances qu'ils ont pu fournir de leurs deniers, soit enfin
pour les remboursemens qu'ils ont pu faire aussi de leurs
deniers, sur leurs emprunts collectifs.

A r t. V I.

Quant aux offices de notaires royaux des autres villes & départemens, ils seront distingués en deux classes :
1°. Ceux qui ont été évalués en exécution de l'édit de 1771 ;
2°. Ceux qui n'ont pas été évalués.

A r t. V I I.

Il sera donné aux titulaires des offices de la première classe, tant pour le remboursement que pour indemnité, d'abord le montant de l'évaluation, sans aucune déduction, & ensuite le surplus du **prix** de leur acquisition constatée par actes authentiques, à la déduction du prix des recouvremens, s'il est spécifié dans le contrat ; & s'il n'est pas déterminé, la déduction sera la moitié de ce qui restera du prix total de l'acquisition, l'évaluation prélevée.

Si le contrat ne porte aucune vente de recouvremens, le prix de l'acquisition sera remboursé en totalité, à moins que l'évaluation ne soit inférieure au tiers de ce prix ; auquel cas il ne sera payé que le montant de l'évaluation, & deux tiers du prix porté au contrat.

A r t. V I I I.

A l'égard des titulaires des offices de la deuxième classe, ils recevront la totalité du prix de leur acquisition établi par pièces authentiques, si le contrat ne porte aucune vente de recouvremens.

Mais, lorsqu'il y aura des recouvremens compris dans l'acquisition, le prix en sera aussi déduit, s'il est spécifié dans le contrat ; & s'il n'est pas déterminé, la déduction sera d'un sixième du prix total.

Et à défaut de preuves authentiques du prix des acquisitions, il ne sera payé à ces derniers titulaires que le montant des finances versées dans le trésor public.

A r t. I X.

Les dispositions de la loi décrétée dans le mois de septembre 1790, & de l'article 24 de la loi décrétée dans le mois de décembre suivant, relativement aux frais de provisions des officiers & aux dettes des compagnies, seront exécutées, tant pour les notaires au ci-devant châtelet de Paris, que pour les notaires des autres départemens.

La loi du mois de septembre est sur un décret du 7 septembre 1790; celle du mois de décembre est sur un décret du 24 : voyez ces deux lois au code de liquidation.

A r t. X.

Les intérêts courront en faveur de chaque titulaire, à compter du jour de la remise des titres nécessaires pour sa liquidation.

A r t. X I.

Les fonds de responsabilité à fournir par les notaires royaux qui deviendront notaires publics, demeureront compensés jusqu'à due concurrence avec les remboursemens qui leur seront dus pour leurs offices & accessoires ; & à ce moyen, les priviléges & hypothèques dont les offices pourroient être chargés, seront transférés aussi jusqu'à due concurrence, sur les fonds de responsabilité, pour n'avoir lieu néanmoins que subordonnément à la garantie des fonctions desdits notaires.

A r t. X I I.

Les notaires dont le remboursement s'élevera au-delà du fonds de responsabilité déterminé, ne recevront ce remboursement qu'en déclarant qu'ils se font inscrire sur le tableau des notaires publics, ou s'ils renoncent à exercer cet état. Dans le premier cas, ce fonds de responsabilité leur sera retenu sur la somme qui leur reviendra ; dans le second, toute la somme leur sera remboursée.

A r t. X I I I.

Il pourra au surplus, leur être délivré des reconnoissances applicables au paiement des domaines nationaux, dans la proportion & suivant les formes réglées pour d'autres officiers par les précédens décrets, lesquels décrets leur deviendront communs.

A r t. X I V.

Ceux des notaires dont le remboursement sera inférieur au fonds de responsabilité, recevront un certificat du montant de leur liquidation, & seront tenus de compléter ledit fonds de responsabilité un mois après, entre les mains du receveur du district de leur résidence ; faute de quoi ils cesseront toute fonction, à peine de faux & de nullité.

A r t. X V.

Les anciens notaires appelés en troisième ordre à occuper, dans le prochain établissement, des places de notaires publics, & qui n'ont aucun remboursement à recevoir, seront, sous la même peine, tenus de fournir leurs fonds de responsabilité dans un mois après leur inscription sur le tableau des notaires publics.

ART.

A r t. X V I.

Tous les notaires publics feront tenus de conftater au commiffaire du roi du tribunal de leur réfidence, qu'ils ont exécuté les difpofitions contenues dans les articles 14 & 15 du préfent titre.

———————

Décret du 30 feptembre 1791;

Sanctionné le 19 octobre fuivant,

Relatif aux receveurs des confignations, & commiffaires aux faifies-réelles.

L'Affemblée nationale, après avoir entendu le rapport de fon comité de conftitution, en exécution de fon décret du 15 de ce mois, prenant en confidération les obfervations faites fur les décrets des 7 & 10, relatifs aux receveurs des confignations, & aux commiffaires aux faifies-réelles, & rapportant, en tant que de befoin, lefdits décrets, les a rectifiés & définitivement adoptés ainfi qu'il fuit :

Il étoit inutile de faire imprimer le décret des 7 & 10 feptembre, puifque celui ci l'anéantit.

A r t i c l e   p r e m i e r.

La vénalité & l'hérédité de tous offices de receveurs des confignations, & de commiffaires aux faifies-réelles, font & demeurent fupprimées. Le comité de judicature fera inceffamment fon rapport fur le mode de leur liquidation, & de la reddition de leurs comptes.

Code judiciaire général. P

Art. II.

Jufqu'à ce qu'il en ait été autrement ordonné, il fera pourvu, par les directoires de diftrict, à l'exercice provifoire des fonctions attachées aux offices de receveurs des confignations, & de commiffaires aux faifies-réelles, dans les lieux pour lefquels il n'y en a point d'établis. Les directoires pourront confier au même prépofé la recette des confignations, & l'adminiftration des biens faifis. Ceux qui feront nommés conformément au préfent article, feront tenus de réfider près les tribunaux.

Art. III.

Il fera fourni par ceux qui feront nommés à l'exercice provifoire de ces fonctions, un cautionnement égal au quart de celui fourni par les tréforiers de diftrict, pour la recette des contributions directes.

A l'égard des titulaires des offices fupprimés, qui font maintenus dans l'exercice provifoire de leurs fonctions, la finance defdits offices leur tiendra lieu de cautionnement.

Art. IV.

Du jour de la publication du préfent décret, & pendant le cours dudit exercice provifoire, les prépofés à la recette des deniers confignés, feront tenus de fe conformer aux difpofitions de l'édit de 1689, & autres lois fubféquentes, fans que la déclaration de 1669, & autres lois interprétatives, puiffent déformais être exécutées. Les receveurs des confignations auront, dans tous les cas, & pour tous droits, trois deniers pour livre des fommes qui feront effectivement verfées dans leur caiffe; & les commiffaires aux faifies-réelles auront douze deniers pour livre des baux qui feront faits.

A r t. V.

Les fonctions provifoires des prépofés à la recette des deniers confignés, & à l'adminiftration des biens faifis, feront incompatibles avec les fonctions de juge, d'avoué, de comptable, de greffier, de notaire, & de membre de diftrict & de département.

Obfervation fur le décret fuivant.

Ce décret n'appartient pas directement à l'ordre judiciaire; cependant il n'y eft nullement étranger, puifqu'il concerne les qualités que les citoyens peuvent prendre dans les différens actes. D'ailleurs je ne vois pas dans quel autre code il feroit mieux placé que dans celui-ci : ces confidérations me déterminent à l'y inférer.

Décret du 27 feptembre 1791,

Sanctionné le 16 octobre fuivant,

Qui défend à tout citoyen français de prendre, dans des actes quelconques, des titres & qualifications fupprimés par la Conftitution.

L'Affemblée nationale ayant pour devoir d'affurer l'exécution des principes conftitutionnels, décrète ce qui fuit :

A r t i c l e P r e m i e r.

Tout citoyen français qui, à compter du jour de la

publication du préfent décret , inférera dans fes quittances , obligations, promeffes, & généralement dans tous fes actes quelconques , quelques-unes des qualifications fupprimées par la Conftitution , ou quelques-uns des titres ci-devant attribués à des fonctions qui n'exiftent plus , fera condamné par corps à une amende égale à fix fois la valeur de fa contribution mobiliaire, fans déduction de la contribution foncière ; lefdites qualifications ou titres feront rayés par procès-verbal des juges du tribunal ; & ceux qui auront commis ce délit contre la Conftitution , feront condamnés en outre à être rayés du tableau civique, & feront déclarés incapables d'occuper aucun emploi civil & militaire.

Voyez l'Acte conftitutionnel, difpofitions préliminaires en fuite de la déclaration des droits.

A r t. II.

La peine & l'amende feront encourues & prononcées, foit que lefdits titres & qualifications foient , dans le corps de l'acte , attachés à un nom , ou réunis à la fignature , ou fimplement énoncés comme anciennement exiftans.

A r t. III.

Seront punis des mêmes peines , & fujets à la même amende, tous citoyens français qui porteroient les marques diftinctives qui ont été abolies , ou qui feroient porter des livrées à leurs domeftiques, & placeroient des armoiries fur leurs maifons ou fur leurs voitures. Les officiers municipaux & de police feront tenus de conftater cette contravention par leurs procès-verbaux, & de les remettre auffitôt dans la perfonne du greffier du tribunal, au commissaire du roi, qui, sous peine de forfaiture, sera tenu d'en faire état au juge dans les vingt-quatre heures de la remise qui lui aura été faite desdits procès-verbaux par la voie du greffe.

Voyez, dans les procès-verbaux ou dans les collections générales, le décret du 19 juin 1790.

A r t. I V.

Les notaires, & tous autres fonctionnaires & officiers publics, ne pourront recevoir des actes où ces qualifications & titres supprimés seroient contenus ou énoncés, à peine d'interdiction absolue de leurs fonctions ; & leur contravention pourra être dénoncée par tout citoyen.

A r t. V.

Seront également destitués pour toujours de leurs fonctions, tous notaires, fonctionnaires & officiers publics qui auroient prêté leur ministère à établir les preuves de ce qu'on appeloit ci-devant noblesse ; & les particuliers contre lesquels il seroit prouvé qu'ils ont donné des certificats tendant à cette fin, seront condamnés à une amende égale à six fois la valeur de leur contribution mobiliaire, & à être rayés du tableau civique ; ils seront déclarés incapables d'occuper à l'avenir aucune fonction publique.

A r t. V I.

Les préposés au droit d'enregistrement seront tenus, à peine de destitution, d'arrêter les actes qui leur seroient présentés, & qui, datés du jour de la publication de la présente loi, contiendroient quelques-uns des

P 3

titres & qualifications abolis par la Constitution ; & de les remettre au commissaire du roi du tribunal , lequel sera aussi tenu d'agir comme il est prescrit par l'article 3.

Fin du Code judiciaire civil.

TABLE
DES MATIÈRES

Contenues dans les deux premières parties du code judiciaire, ou code judiciaire général & code civil.

A.

C.

Code judiciaire général. Q

G.

I.

J.

O.

P.

Q.

R.

T.

Fin de la Table des Matières.